KB147341

저자

김기훈　現 ㈜ 쎄듀 대표이사
　　　　現 메가스터디 영어영역 대표강사
　　　　前 서울특별시 교육청 외국어 교육정책자문위원회 위원

저서　천일문 / 천일문 Training Book / 초등코치 천일문
　　　　천일문 GRAMMAR / 왓츠 Grammar / 패턴으로 말하는 초등 필수 영단어
　　　　Oh! My Grammar / Oh! My Speaking / Oh! My Phonics
　　　　EGU 〈영단어&품사 · 문장 형식 · 동사 · 문법 · 구문〉 / 어휘끝 / 어법끝 / 거침없이 Writing / 쓰작
　　　　리딩 플랫폼 / 리딩 릴레이 / Grammar Q / Reading Q / Listening Q 등

쎄듀 영어교육연구센터
쎄듀 영어교육센터는 영어 콘텐츠에 대한 전문지식과 경험을 바탕으로
최고의 교육 콘텐츠를 만들고자 최선의 노력을 다하는 전문가 집단입니다.

장혜승 선임연구원 · **조연재** 연구원 · **김지원** 연구원

마케팅　　　　콘텐츠 마케팅 사업본부
영업　　　　　문병구
제작　　　　　정승호
인디자인 편집　올댓에디팅
디자인　　　　쎄듀 디자인팀
일러스트　　　전병준, 연두, 김청희
영문교열　　　Stephen Daniel White

왓츠
리딩

What's Reading

Words

100 **A**

영어 독해력, 왜 필요한가요?

대부분 유아나 초등 시기에 처음 접하는 영어 읽기는 영어 동화책 중심입니다.
아이들이 영어에 친숙해지게 하고, 흥미를 가지게 하려면 재미있는 동화나 짧은 이야기,
즉 '픽션' 위주의 읽기로 접근하는 것이 좋은 방법이기 때문입니다.

그러나 학년이 높아짐에 따라 각종 시험에 출제되는 거의 대부분의 지문은 **유익한 정보나 지식,
교훈 등을 주거나, 핵심 주제를 파악하여 글쓴이의 관점을 이해하는 것이 필요한 '논픽션' 류**입니다.
초등 영어 교육 과정 또한 실용 영어 중심이다 보니, 이러한 다양한 지문을 많이 접하고 그 지문을 이해하는
능력을 기를 수 있는 기회가 사실 많지는 않습니다.

하지만 수능 영어의 경우, 실용 영어부터 기초 학술문까지 다양한 분야의 글이 제시되므로, **사회과학, 자연과학,
문학과 예술 등 다양한 소재에 대한 배경지식을 기르는 것이 매우 중요**하며, 지문을 읽고 핵심 주제와 글의 흐름을
파악해 문제를 풀 수 있는 능력, 즉 영어 독해력이 요구됩니다.

<왓츠 리딩> 시리즈는 아이들이 영어 읽기에 대한 흥미를 계속 유지하면서도, 논픽션 읽기에 자신감을 얻을 수
있도록, 챕터별로 **픽션과 논픽션의 비율을 50:50으로 구성**하였습니다. 각 챕터를 하나의 공통된 주제를 기반으로
한 지문 4개로 구성하여, **다양한 교과과정의 주제별 배경지식과 주요 단어**를 지문 내에서 자연스럽게 습득할 수
있도록 했습니다.

🔍 환경 관련 주제의 초등 ▸ 중등 ▸ 고등 지문 차이 살펴보기

같은 주제의 지문이라 하더라도, 픽션과 논픽션은 글의 흐름과 구조가 다르고, 사용되는 어휘가 다를 수 있습니다.
또한, 어휘의 난이도, 구문의 복잡성, 내용의 추상성 등에 따라 독해 지문의 난도는 크게 차이가 날 수 있습니다.

초등 **초6 'ㅊ' 영어 교과서 지문** (단어 수 83)

> The earth is sick. The weather is getting warmer. The water is getting worse.
> We should save energy and water. We should recycle things, too.
> What can we do? Here are some ways.
> · Turn off the lights.
> · Don't use the elevators. Use the stairs.
> · Take a short shower.
> · Don't use too much water. Use a cup.
> · Recycle cans, bottles and paper.
> · Don't use a paper cup or a plastic bag.
> Our small hands can save the earth!

초등 교과 과정에서는
필수 단어 **약 800개**
학습을 권장하고 있습니다.

Today I'm going to talk about three plastic bottles. They all started together in a store. But their lives were completely different.

A man came and bought the first bottle. After he drank the juice, he threw the bottle in a trash can. A truck took the bottle to a garbage dump. The bottle was with other smelly trash there. The bottle stayed on the trash mountain for a very long time. (중략)

A little boy bought the third bottle. The boy put the empty bottle in a recycling bin. A truck took the bottle to a plastic company. The bottle became a pen. A man bought it and he gave it to his daughter. Now it is her favorite pen!

What are you going to do with your empty bottles? Recycle! The bottles and the world will thank you for recycling.

> **중등** 교과 과정에서는 **약 1,400**개의 단어를 익혀야 합니다.

고등 수능 기출 문제 (단어 수 149)

22. 다음 글의 요지로 가장 적절한 것은?

Environmental hazards include biological, physical, and chemical ones, along with the human behaviors that promote or allow exposure. Some environmental contaminants are difficult to avoid (the breathing of polluted air, the drinking of chemically contaminated public drinking water, noise in open public spaces); in these circumstances, exposure is largely involuntary. Reduction or elimination of these factors may require societal action, such as public awareness and public health measures. In many countries, the fact that some environmental hazards are difficult to avoid at the individual level is felt to be more morally egregious than those hazards that can be avoided. Having no choice but to drink water contaminated with very high levels of arsenic, or being forced to passively breathe in tobacco smoke in restaurants, outrages people more than the personal choice of whether an individual smokes tobacco. These factors are important when one considers how change (risk reduction) happens.

* contaminate 오염시키다 ** egregious 매우 나쁜

> **수능 영어** 지문을 해석하려면 기본적으로 **약 3,300**개의 단어 학습이 필요합니다.

① 개인이 피하기 어려운 유해 환경 요인에 대해서는 사회적 대응이 필요하다.
② 환경오염으로 인한 피해자들에게 적절한 보상을 하는 것이 바람직하다.
③ 다수의 건강을 해치는 행위에 대해 도덕적 비난 이상의 조치가 요구된다.
④ 환경오염 문제를 해결하기 위해서는 사후 대응보다 예방이 중요하다.
⑤ 대기오염 문제는 인접 국가들과의 긴밀한 협력을 통해 해결할 수 있다.

왓츠 리딩 학습법

영어 독해력, 어떻게 키울 수 있나요?

<왓츠 리딩>으로 이렇게 공부해요!

STEP 1 주제별 핵심 단어 학습하기

- 글을 읽기 전에 주제와 관련된 단어들의 의미를 미리 학습하면 처음 보는 글의 내용을 보다 쉽게 이해할 수 있습니다. 주제별 핵심 단어들의 의미를 확인하고, QR코드로 원어민의 생생한 발음을 반복해서 듣고 따라 읽어보세요.

- <왓츠 리딩> 시리즈를 학습하고 나면, 주제별 핵심 단어 약 1,040개를 포함하여, 총 2,000여개의 단어를 완벽하게 익힐 수 있습니다.

STEP 2 다양한 종류의 글감 접하기

- 교과서나 여러 시험에서 다양한 구조로 전개되는 논픽션 류가 등장하기 때문에, 읽기에 대한 흥미를 불러일으키는 픽션 외에도 정보를 전달하는 논픽션을 바탕으로 한 다양한 종류의 글감을 접해야 합니다.

- <왓츠 리딩> 시리즈는 챕터별로 픽션과 논픽션의 비중을 50:50으로 구성하여, 두 가지 유형의 글 읽기를 위한 체계적인 학습이 가능합니다. 설명문뿐만 아니라 전기문, 편지글, 일기, 레시피, 창작 이야기 등 다양한 유형의 글감을 통해 풍부한 읽기 경험을 쌓아 보세요.

STEP 3 지문을 잘 이해했는지 문제로 확인하기

- 독해는 글을 읽으며 글의 목적, 중심 생각, 세부 내용 등을 파악하는 과정입니다. 하나를 읽더라도 정확하게 문장을 해석하면서 문장과 문장 간의 연결을 이해하는 것이 중요해요. 이러한 독해 습관은 모든 학습의 기초인 문해력도 동시에 향상시킬 수 있습니다.

STEP 4 지문 구조 분석 훈련하기

● 올바른 이해는 글을 읽고 내용을 이해하는 것을 넘어 '나'의 사고를 확장하며 그 내용을 응용하는 것까지 이어져야 합니다. 따라서 글의 내용을 파악하는 문제 외에도 글의 구조를 분석하고 요약문으로 이해한 내용을 정리하는 활동을 통해 '내' 지식으로 만들어 보세요.

STEP 5 직독직해 훈련하기

● 직독직해란 영어를 적절하게 '끊어서 읽는 것'으로, 영어 어순에 맞게 문장을 읽어 나가는 것을 뜻합니다. 직독직해 연습을 통해 빠르고 정확하게 문장을 해석하는 방법을 익힘으로써 독해력을 키울 수 있습니다.

영어는 우리말과 어순이 다르기 때문에 이러한 훈련이 해석하는 데 큰 도움이 됩니다. 영어 어순에 맞춰 문장을 이해하다보면 복잡한 문장도 더 쉽게 이해할 수 있습니다.

직독직해 훈련의 시작은 기본적으로 주어와 동사를 찾아내는 것부터 할 수 있습니다. 해설에 실린 지문별 끊어 읽기를 보고, 직독직해 연습지를 통해 혼자서도 연습해보세요.

> ### 🌱 끊어서 읽기
>
> 모두가 Edwin Binney의 발명품들을 무척 좋아했다: / 부드러운 분필과 검은 밀랍 크레용.
> ¹Everyone loved Edwin Binney's inventions: / soft chalk and black wax crayons.
>
> 하지만, / 그의 크레용은 아이들에게 안전하지 않았다 // 그것들은 목탄으로 만들어졌기
> ²However, / his crayons were not safe for children // because they were made
>
> 때문에. 또한, / 그것들은 매우 값비쌌다. Edwin은 만들고 싶었다 / 안전하고
> from charcoal. ³Also, / they were very expensive. ⁴Edwin wanted to make / safe
>
> 값싼 색크레용을.
> and cheap color crayons.

STEP 6 꾸준하게 복습하기

● 배운 내용을 새로운 문장과 문맥에서 다시 복습하는 것이 중요합니다.
제공되는 워크북, 단어 암기장, 그리고 다양한 부가 학습 자료를 활용하여, 그동안 배운 내용을 다시 떠올리며 복습해 보세요.

구성과 특징 Components

★ <왓츠 리딩> 시리즈는 다음과 같이 구성되어 있습니다.

<왓츠 리딩> 시리즈는 총 8권으로 구성되었습니다.

	70A / 70B	80A / 80B	90A / 90B	100A / 100B
단어 수 (Words)	60-80	70-90	80-110	90-120
*Lexile 지수	200-400L	300-500L	400-600L	500-700L

*Lexile(렉사일) 지수 미국 교육 연구 기관 MetaMetrics에서 개발한 영어 읽기 지수로, 개인의 영어독서 능력과 수준에 맞는 도서를 읽을 수 있도록 개발된 독서능력 평가지수입니다. 미국에서 가장 공신력 있는 지수로 활용되고 있습니다.

- 한 챕터 안에서 하나의 공통된 주제를 중심으로 다양한 교과과정을 학습할 수 있습니다.
- 익숙한 일상생활 소재뿐만 아니라, 풍부한 읽기 경험이 되도록 여러 글감을 바탕으로 지문을 구성했습니다.
- 주제별 배경지식 및 주요 단어를 지문 안에서 자연스럽게 익힐 수 있습니다.
- 체계적인 독해 학습을 위한 단계별 문항을 제시하며, 다양한 활동을 통해 글의 구조에 대한 이해도를 높일 수 있습니다.

주제 확인하기

하나의 주제를 기반으로 한 4개의 지문을 제공합니다. 어떤 영역의 지문이 등장하는지 한눈에 확인할 수 있습니다.

지문 소개 글 읽기

- 학습자의 흥미를 유발하고, 글에 대한 배경지식을 활성화시켜줍니다.

지문 속 핵심 단어 확인하기

- 지문에 등장하는 핵심 단어를 확인합니다. 각 단어의 의미를 이해하면 읽기에 더 집중할 수 있습니다.

- QR코드를 통해 핵심 단어의 원어민 발음을 들을 수 있습니다.

PEOPLE
01 Crayola

Everyone loved Edwin Binney's **inventions**: soft chalk and black *wax crayons. However, his crayons were not safe for children ___(A)___ they were made from charcoal. Also, they were very **expensive**. Edwin wanted to make safe and **cheap** color crayons.

Edwin made a top-secret team. The team did a study about safe color crayons. They used **paraffin wax ___(B)___ it was safer than charcoal. For colors, the team used rocks. After many tests, Edwin's team **finally** created safe and cheap color crayons. Edwin's wife **named** them Crayola.

Crayola became a ... children could draw ... never stopped. Every ... colorful flowers. They ...

● ● 주요 단어와 표현

chalk 분필 crayon 크레용 however ...
top-secret 일급 비밀인 study- studied ...
create- created) 만들어내다 success (성공 ...

14 왕초 리딩 100 ⊛

LITERATURE
02 A Box of Crayons

Mike had a box of crayons. The crayons didn't get along. It was always **loud** in the box. Mike always used Red to **color** fire trucks and Santa Claus. It made the other **colors jealous of** Red. Also, Yellow and Orange **hated** each other. They both **shouted**, "I am the true color of the sun!"

One day, Mike heard the crayons fighting. He took all the crayons out of the box. On a big white piece of paper, he first drew a gray road. On that road, there were black cars and blue buses. Along the road, he drew buildings with Red, Green, and Pink. Mike also added the sun in the sky. Yellow was the **center**, and Orange **surrounded** it. When the picture was done, all the crayons were happy.

● ● 주요 단어와 표현

box 상자 get along 사이좋게 지내다 *along ~을 함께; ~을 따라 fire truck 소방차 Santa Claus 산타클로스 each other 서로 both 둘 다 true 진짜의, 진짜인 fight 싸우다 take out of) took out of) ~에서 꺼내다 a piece of paper 종이 한 장 first 먼저 road 도로, 길 add(- added) 추가하다, 더하다 done 끝난, 마친

18 왕초 리딩 100 ⊛

LITERATURE
02 A Box of Crayons

Mike had a box of crayons. The crayons didn't get along. ... always **loud** in the box. Mike always used Red to **color** fire trucks a... Santa Claus. It made the other **colors jealous of** Red. Also, Yellow and Orange **hated** each other. They both **shouted**, "I am the true color of the sun!"

One day, Mike heard the crayons fighting. He took all the crayons out of the box. On a big white piece of paper, he first drew a gray

유익하고 흥미로운 지문

● 다양한 종류의 글감으로 구성된 픽션과 논픽션 지문을 수록하였습니다.

독해력 Up 팁 하나

글을 읽기 전, 글의 내용과 관련된 사진이나 삽화를 보면서 내용을 미리 짐작해 보세요. 추측하면서 읽는 활동은 내용 파악에 도움이 됩니다.

● 핵심 단어 외에 지문에 등장하는 주요 단어와 표현을 확인할 수 있어요.

독해력 Up 팁 둘

모르는 단어가 있더라도 지문을 읽어본 다음, 그 단어의 의미를 추측해 보세요. 문장과 함께 단어의 의미를 학습하면 기억에 오래 남게 됩니다.

● QR코드를 통해 지문과 단어의 MP3 파일을 들을 수 있습니다.

독해력 Up 팁 셋

음원을 듣고 따라 읽으면서 복습해 보세요. 영어 독해에 대한 두려움은 줄고, 자신감을 쌓을 수 있어요.

독해 실력을 길러주는 단계별 문항 Step 1, 2, 3

Step 1 Check Up

● 지문을 읽고 나서 내용을 잘 이해했는지 확인해 보세요.

● 중심 생각과 세부 내용을 확인하는 다양한 유형의 문제를 풀면서 독해력의 기본기를 탄탄하게 쌓을 수 있어요.

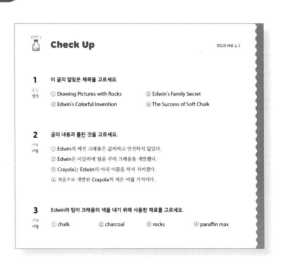

Step 2 Build Up

글의 내용을 분류하고, 비교하고, 분석하면서 글의 구조를 정리해 보세요. 글의 순서, 원인-결과, 질문-대답 등 여러 리딩 스킬 학습을 통해 다양한 각도로 글을 이해할 수 있습니다.

Step 3 Sum Up

빈칸 채우기, 시간 순 정리 활동으로 글의 요약문을 완성해 보세요. 글의 흐름을 다시 한번 복습하면서 학습을 마무리할 수 있습니다.

지문 속 단어 정리 및 복습

지문에 등장한 단어와 표현을 복습해요.
삽화를 통한 의미 확인, 연결 짓기, 추가 예문을 통해
단어의 의미를 한 번 더 정리합니다.

독해 학습을 완성하는 책 속 책과 별책 부록

WORKBOOK

- 지문에 등장했던 핵심 단어와 표현을 확인할 수 있어요.

- 주어, 동사 찾기 연습과 단어 배열 연습 문제로 영작 연습하면서 지문 내용을 복습할 수 있습니다.

자세한 해설 및 해석 제공

- 정답의 이유를 알려주는 문제 해설, 영어의 어순으로 빠르게 해석할 수 있는 방법을 보여 주는 직독직해를 확인해 보세요.

- 혼자서 해석하기 어려운 문장을 설명해주는 문장 분석하기 코너를 활용해 보세요.

단어 암기장

- 지문에 등장했던 모든 단어와 표현을 확인할 수 있어요.

- QR코드를 통해 단어 MP3 파일을 듣고 단어 의미를 복습하면서 어휘력을 기를 수 있어요.

무료 부가서비스
www.cedubook.com

1. 단어 리스트 2. 단어 테스트 3. 직독직해 연습지
4. 영작 연습지 5. 받아쓰기 연습지 6. MP3 파일 (단어, 지문)

목차 Contents

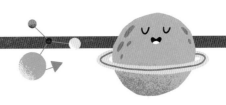

CHAPTER 1

Colors

PEOPLE · 01

Crayola

invention	몡 발명품
expensive	혱 값비싼, 비용이 많이 드는
cheap	혱 값싼, 저렴한
finally	뷔 마침내, 드디어
name (- named)	됭 ~에게 이름을 짓다 *name A B A를 B라고 이름을 짓다
huge	혱 엄청난, 거대한
colorful	혱 다채로운, 형형색색의

처음에, 알록달록한 크레용은 목탄으로
만들어져 검고, 탄소가 들어있어
아이들에게 위험했어요.

LITERATURE · 02

A Box of Crayons

loud	혱 시끄러운, 소리가 큰
color (- colored)	됭 ~에 색칠하다 몡 색, 색깔
jealous	혱 질투하는 *jealous of ~을 질투하는
hate (- hated)	됭 싫어하다
shout (- shouted)	됭 소리치다
center	몡 중심
surround (- surrounded)	됭 둘러싸다, 에워싸다

크레용 박스의 크레용들이 저마다 다른
성격을 가지고 있다고 상상해 보아요.
어떤 일이 일어날까요?

HEALTH 03

색은 다양한 감정을 불러 일으킬 수 있답니다.

How Do You Feel?

link	몡 관련성, 관련
emotion	몡 감정
brightness	몡 1 선명함 2 밝음, 빛남
cause (- caused)	동 ~을 일으키다, ~의 원인이 되다
image	몡 이미지
attention	몡 주의, 관심 *grab attention 주의를 끌다
imagine (- imagined)	동 상상하다

LITERATURE 04

우리에게 빛이 있기 때문에, 세상이 다채롭다는 것을 알 수 있답니다.

The Colorful World

alone	혱 홀로, 혼자
miss (- missed)	동 1 그리워하다 2 놓치다
paint (- painted)	동 (그림물감으로) 그리다
decide (- decided)	동 결정하다, 결심하다 *decide to ~하기로 결정하다
agree (- agreed)	동 동의하다
shine (- shined)	동 빛나다
appear (- appeared)	동 나타나다

Crayola

Everyone loved Edwin Binney's **inventions**: soft chalk and black *wax crayons. However, his crayons were not safe for children _____(A)_____ they were made from charcoal. Also, they were very **expensive**. Edwin wanted to make safe and **cheap** color crayons.

Edwin made a top-secret team. The team did a study about safe color crayons. They used **paraffin wax _____(B)_____ it was safer than charcoal. For colors, the team used rocks. After many tests, Edwin's team **finally** created safe and cheap color crayons. Edwin's wife **named** them Crayola.

Crayola became a **huge** success! With eight different colors, children could draw **colorful** pictures. But Edwin's Crayola team never stopped. Every day, Edwin and his team studied the colors of colorful flowers. They made more crayons in different colors.

*wax 밀랍, 왁스 ((누런 빛깔로 단단하게 굳어지는 성질이 있는 물질))
**paraffin wax 파라핀 납 ((양초, 크레용 등의 재료))

●● **주요 단어와 표현**

chalk 분필   crayon 크레용   however 하지만   were[was] made from ~로 만들어졌다   charcoal 목탄, 숯
top-secret 일급 비밀의   study(- studied) 연구; 연구하다 *do a study(- did a study) 연구하다   rock 암석   test 실험
create(- created) 만들어 내다   success 성공   different 다양한; 다른   draw(- drew) 그림을 그리다   never 결코 ~않다

STEP 1

Check Up

1 이 글의 알맞은 제목을 고르세요.

중심
생각

① Drawing Pictures with Rocks　　　② Edwin's Family Secret

③ Edwin's Colorful Invention　　　④ The Success of Soft Chalk

2 글의 내용과 <u>틀린</u> 것을 고르세요.

세부
내용

① Edwin의 예전 크레용은 값비싸고 안전하지 않았다.

② Edwin은 비밀리에 팀을 꾸려 크레용을 개발했다.

③ Crayola는 Edwin의 아내 이름을 따서 지어졌다.

④ 처음으로 개발된 Crayola의 색은 여덟 가지이다.

3 Edwin의 팀이 크레용의 색을 내기 위해 사용한 재료를 고르세요.

세부
내용

① chalk　　　② charcoal　　　③ rocks　　　④ paraffin wax

4 글의 빈칸 (A)와 (B)에 공통으로 들어갈 말로 알맞은 것을 고르세요.

빈칸
추론

① so　　　② after　　　③ when　　　④ because

5 글에 등장하는 단어로 빈칸을 채워 보세요.

중심
생각

> Edwin made a top-secret team. The team finally created safe color ____ⓐ____
>
> after many tests. They became a huge ____ⓑ____.

ⓐ : _____　　　　　ⓑ : _____

Build Up
주어진 그림과 문장에 대한 결과를 알맞게 연결하세요.

1 Edwin wanted to make safe and cheap color crayons.

2 After many tests, Edwin's team created safe and cheap crayons.

3 Edwin and his team studied the colors of colorful flowers.

(A) They made more crayons in different colors.

(B) He made a top-secret team.

(C) His crayons became a huge success.

 STEP 3

Sum Up
빈칸에 알맞은 단어를 <보기>에서 찾아 쓰세요.

보기   used   cheap   created   expensive   named

Once, crayons were **a** _____ and dangerous for children. Edwin wanted to make safe and **b** _____ color crayons. So, his top-secret team **c** _____ paraffin wax and **d** _____ color crayons. Edwin's wife **e** _____ the crayons Crayola. Crayola became a huge success!

Look Up

A 아래 그림에 알맞은 단어를 고르세요.

❶

☐ cheap
☐ expensive

❷

☐ huge
☐ colorful

❸

☐ study
☐ create

B 주어진 단어의 알맞은 우리말 뜻을 찾아 연결하세요.

❶ success •
          • 실험

❷ top-secret •
          • 성공

❸ test •
          • 다양한; 다른

❹ different •
          • 일급 비밀의

C 우리말 해석에 맞도록 <보기>에서 알맞은 단어를 골라 빈칸에 쓰세요.

> 보기   finally   named   invention

❶ 그의 새로운 발명품이 많은 생명을 구했다.

→ His new _____ saved many lives.

❷ Amy는 그녀의 고양이를 Yam이라 이름 지었다.

→ Amy _____ her cat Yam.

❸ 그 달리기 주자는 열심히 훈련했고, 마침내 경주에서 우승했다.

→ The runner trained hard and _____ won the race.

A Box of Crayons

Mike had a box of crayons. The crayons didn't get along. It was always **loud** in the box. Mike always used Red to **color** fire trucks and Santa Claus. It made the other **colors jealous of** Red. Also, Yellow and Orange **hated** each other. They both **shouted**, "I am the true color of the sun!"

One day, Mike heard the crayons fighting. He took all the crayons out of the box. On a big white piece of paper, he first drew a gray road. On that road, there were black cars and blue buses. Along the road, he drew buildings with Red, Green, and Pink. Mike also added the sun in the sky. Yellow was the **center**, and Orange **surrounded** it. When the picture was done, all the crayons were happy.

● ● **주요 단어와 표현**

box 상자   get along 사이좋게 지내다 *along ~와 함께; ~을 따라   fire truck 소방차   Santa Claus 산타클로스   each other 서로   both 둘 다   true 진짜의, 정확한   fight 싸우다   take out of(- took out of) ~에서 꺼내다   a piece of paper 종이 한 장   first 먼저   road 도로, 길   add(- added) 추가하다, 더하다   done 끝난, 마친

STEP 1

Check Up

1

중심
생각

이 글의 알맞은 제목을 고르세요.

① Mike's Favorite Color

② The True Color of the Sun

③ The Fight between Red and Others

④ A Perfect Picture with Happy Crayons

2

세부
내용

글의 내용과 맞는 것에는 O표, 틀린 것에는 X표 하세요.

(a) Mike의 크레용 상자 안은 항상 시끄러웠다. _____

(b) Yellow와 Red는 서로를 싫어했다. _____

(c) Mike의 그림이 완성되었을 때, 모든 크레용은 행복했다. _____

3

세부
내용

Mike가 크레용들의 싸움을 멈추기 위해 한 일을 고르세요.

① Red만 빼고 그림 그리기

② Yellow를 웃게 만들기

③ 모든 크레용의 불만 들어주기

④ 모든 크레용으로 그림 그리기

4

세부
내용

Mike가 새로 그린 그림에 <u>없는</u> 것을 고르세요.

① 빨간 소방차

② 회색 도로

③ 파란 버스

④ 분홍색 건물

5

내용
응용

Mike가 그린 태양의 모습으로 가장 알맞은 것을 고르세요.

①

②

③

④

STEP 2 Build Up
글을 읽고, 빈칸에 <보기>의 단어를 채워 문제, 해결책, 결과를 완성하세요.

보기	hated stopped center colored jealous of

Problem
문제

Mike's crayons were **a** _____ Red. Also, Yellow and Orange **b** _____ each other.

↓

Solution
해결책

• Mike drew a picture with gray, black, blue, red, green, and pink.

• He also **c** _____ the sun with Yellow and Orange. Yellow was the **d** _____, and Orange surrounded it.

↓

Effect
결과

All the crayons **e** _____ fighting. They were happy.

STEP 3 Sum Up
이야기 순서에 맞게 빈칸에 번호를 쓰세요.

① Mike took all the crayons out of the box and drew a picture with them.

② When the picture was done, all the crayons were happy.

③ Mike's crayons didn't get along. They were always fighting with each other.

④ One day, Mike heard the crayons fighting.

☐ → ☐ → ☐ → ☐

Look Up

A 아래 그림에 알맞은 단어를 고르세요.

 **1**

 **2**

 **3**

1
- ☐ true
- ☐ loud

2
- ☐ center
- ☐ road

3
- ☐ add
- ☐ shout

B 주어진 단어의 알맞은 우리말 뜻을 찾아 연결하세요.

1 fight •

2 surround •

3 get along •

4 color •

• ~에 색칠하다; 색

• 사이좋게 지내다

• 둘러싸다

• 싸우다

C 우리말 해석에 맞도록 <보기>에서 알맞은 단어를 골라 빈칸에 쓰세요.

보기	shouted jealous hate

1 Jake와 Peter는 소리치며 싸웠다.

→ Jake and Peter _____ and fought.

2 너는 왜 벌레를 싫어하니?

→ Why do you _____ bugs?

3 Susan은 Tom을 질투했다.

→ Susan was _____ of Tom.

How Do You Feel?

There is a **link** between colors and **emotions**. Colors can make us feel happy or sad. They can also make us feel hungry or relaxed. When a color's **brightness**, shade, or tone is different, this **causes** different emotions. For example, warm colors and cool colors give us different **images** and feelings.

Red, orange, and yellow are warm colors. Those colors often give feelings of happiness and energy. However, they can also **grab attention**. Think of stop signs and warning signs.

Green, blue, and purple are cool colors. **Imagine** a forest or deep sea. Those colors are usually calming. But they can also show _____(A)_____. People use the word "blue" to say that they are sad.

●● **주요 단어와 표현**

relaxed 편안한　shade 음영　tone 색조　for example 예를 들면　feelings 감정　often 보통, 흔히　energy 활기　think of ~을 생각하다, 머리에 떠올리다　sign 표지판; 신호　warning 경고　forest 숲　deep sea 심해 usually 보통, 대개　calming 진정시키는　show 나타내다, 보여 주다

1 이 글은 무엇에 대해 설명하는 내용인가요?

중심
생각

① 따뜻한 색의 장단점　　　　　　② 색과 감정의 관련성

③ 색을 이용한 감정 치료　　　　　④ 자신만의 색을 찾는 방법

2 글의 내용과 **틀린** 것을 고르세요.

세부
내용

① 우리는 색에 따라 다른 감정을 느낀다.

② 빨간색과 주황색은 행복한 느낌을 준다.

③ 초록색은 차가운 색 중 하나이다.

④ 차가운 색은 주로 활기찬 느낌을 준다.

3 경고 신호에 따뜻한 색이 사용되는 이유를 고르세요.

내용
응용

① to calm people　　　　　　② to give energy

③ to grab attention　　　　　④ to show happiness

4 글의 빈칸 (A)에 들어갈 말로 가장 알맞은 것을 고르세요.

빈칸
추론

① happiness　　② sadness　　③ brightness　　④ warning

5 글에 등장하는 단어로 빈칸을 채워 보세요.

중심
생각

Because there is a ____ⓐ____ between colors and emotions, colors give us different ____ⓑ____ and feelings.

ⓐ : _____　　　　　　ⓑ : _____

Build Up

글을 읽고, 빈칸에 <보기>의 단어를 채워 따뜻한 색과 차가운 색의 특징을 완성하세요.

보기	show purple attention warm energy

a _____ **Colors**
- are colors like red, orange, and yellow.
- give feelings of happiness and **b** _____ .
- can also grab **c** _____ .

Cool Colors
- are colors like green, blue, and **d** _____ .
- are usually calming, but they can also **e** _____ sadness.

Sum Up

빈칸에 알맞은 단어를 <보기>에서 찾아 쓰세요.

보기	calming happy images emotions warning

There is a link between colors and **a** _____ . Colors give us different **b** _____ and feelings. For example, warm colors like red, orange, and yellow make us feel **c** _____ . We can also find those colors in **d** _____ signs because they grab attention. Cool colors like green and blue are usually **e** _____ , but they can show sadness, too.

Look Up

A 아래 그림에 알맞은 단어를 고르세요.

 ❶

 ❷

 ❸

☐ sign
☐ shade

☐ feelings
☐ energy

☐ cause
☐ imagine

B 주어진 단어의 알맞은 우리말 뜻을 찾아 연결하세요.

❶ image •

❷ link •

❸ attention •

❹ brightness •

• 주의

• 이미지

• 관련성

• 선명함; 밝음

C 우리말 해석에 맞도록 <보기>에서 알맞은 단어를 골라 빈칸에 쓰세요.

> 보기   caused   imagine   emotions

❶ 나는 가끔 내 미래를 상상한다.

    → I sometimes _____ my future.

❷ 그 배우는 우리에게 많은 감정을 보여준다.

    → The actor shows many _____ to us.

❸ Mike의 개는 많은 문제를 일으켰다.

    → Mike's dog _____ a lot of trouble.

The Colorful World

The Sun and the Clouds were friends. They made the world warm and colorful with rainbows. One day, they had a fight, and the Sun left. The Clouds were **alone** in the sky. It rained every day. The world lost its _____(A)_____ and became gray.

People couldn't see rainbows. They also had to stay home because of the rain. They **missed** the Sun and wanted to bring it back. They **painted** rainbows and put them on display. Every house had a picture of a rainbow!

The Sun and the Clouds noticed the rainbows. They missed each other, so they **decided to** meet. When they met, the Clouds said, "I miss rainbows." The Sun **agreed**. Then the rain _____(B)_____, and the Sun **shined** brightly. Slowly, a rainbow **appeared**.

●● **주요 단어와 표현**

rainbow 무지개   have a fight(- had a fight) 싸우다   leave(- left) 떠나다   rain(- rained) 비가 오다; 비   lose(- lost) 잃다, 잃어버리다   gray 흐린, 우중충한   have to(- had to) ~해야 한다   stay 머무르다   bring back 다시 데려오다 put A on display(- put A on display) ~을 전시하다   notice(- noticed) 알아차리다   meet(- met) 만나다   brightly 밝게 slowly 천천히

Check Up

정답과 해설 p.10

1 이 글의 알맞은 제목을 고르세요.

중심
생각

① When Did the Rain Stop?

② Where Did the Sun Hide?

③ Why Are the Clouds Lonely?

④ How Did the Rainbow Come Back?

2 글의 내용과 맞는 것에는 ○표, 틀린 것에는 ✕표 하세요.

세부
내용

(a) Sun이 떠난 후에 매일 비가 내렸다. _____

(b) 사람들은 Sun의 그림을 그려 집에 전시했다. _____

(c) Sun은 무지개를 그리워하지 않았다. _____

3 글의 빈칸 (A)에 들어갈 말로 가장 알맞은 것을 고르세요.

빈칸
추론

① fight   ② peace   ③ colors   ④ friends

4 글의 빈칸 (B)에 들어갈 말로 가장 알맞은 것을 고르세요.

빈칸
추론

① fell   ② started   ③ stopped   ④ stayed

5 글에 등장하는 단어로 빈칸을 채워 보세요.

중심
생각

After the Sun left, people couldn't see the _____ⓐ_____ world with rainbows.
They missed the Sun and _____ⓑ_____ the rainbows.

ⓐ : _____   ⓑ : _____

STEP 2 Build Up 주어진 원인에 알맞은 결과를 연결하세요.

Cause | 원인

1 The Sun and the Clouds had a fight.

2 People couldn't see rainbows. They missed the Sun.

3 The Sun and the Clouds met again.

Effect | 결과

(A) The rain stopped, and the Sun shined brightly. A rainbow appeared.

(B) They painted rainbows and put them on display.

(C) It rained every day. The world lost its colors.

STEP 3 Sum Up 빈칸에 알맞은 단어를 <보기>에서 찾아 쓰세요.

보기   became   rainbow   fight   appeared   noticed

One day, the Sun and the Clouds had a **a**   . The Sun left, and the world **b**   gray. People wanted to bring the Sun back. They painted rainbows and put them on display. Every house had a picture of a **c**   . The Sun and the Clouds **d**   the rainbows and met again. When the rain stopped and the Sun shined brightly, a rainbow **e**   .

A 아래 그림에 알맞은 단어를 고르세요.

① ☐ alone   ② ☐ leave   ③ ☐ have a fight
  ☐ warm   ☐ shine   ☐ put on display

B 주어진 단어의 알맞은 우리말 뜻을 찾아 연결하세요.

❶ notice   •   • 동의하다

❷ paint   •   • 밝게

❸ brightly •   • (그림물감으로) 그리다

❹ agree   •   • 알아차리다

C 우리말 해석에 맞도록 <보기>에서 알맞은 단어를 골라 빈칸에 쓰세요.

> 보기   missed   decided   appeared

❶ Mark는 할아버지가 그리웠다.

  → Mark _____ his grandfather.

❷ 마술사가 무대에 등장했다.

  → A magician _____ on the stage.

❸ 나의 부모님은 시골에 살기로 결정하셨다.

  → My parents _____ to live in the countryside.

Difference

LITERATURE 01

지구 반대편, 다른 환경에서 살고 있을지라도
우리는 공통점이 있어요.

Friends on the Other Side

planet	명 1 행성 2 지구
building	명 건물
flow (- flowed)	동 흐르다
along	전 ~을 따라서
climb up (- climbed up)	~ (위)에 오르다
amazing	형 놀라운, 굉장한
whole	형 모든, 전체의
have in common (- had in common)	공통적으로 가지다, 지니다

CULTURE 02

로마에 가면 로마의 법을 따르라는 말이
있어요. 다른 나라에 가게 되면 그 나라의
식사예절을 지켜야 해요.

Table Manners

noise	명 소리, 소음
mean (- meant)	동 의미하다
rude	형 무례한, 예의 없는
careful	형 조심하는, 주의 깊은 *careful with ~을 조심하는
in a hurry	바쁜
take A's time (- took A's time)	천천히 하다, 시간을 들이다
follow (- followed)	동 1 (충고, 지시를) 따르다 2 따라가다, 따라오다
rule	명 규칙, 원칙

LITERATURE 03

희망을 놓지 않고 계속 노력하다 보면
언젠가는 원하는 바를 성취할 수 있어요.

Different Shapes of Us

roll (- rolled)	동 구르다, 굴러가다
side	명 면, 쪽, 측면
flat	형 평평한
carry (- carried)	동 들고 가다, 나르다, 운반하다
push (- pushed)	동 밀다
hope	명 희망, 기대
give up (- gave up)	포기하다

HISTORY 04

REA
THEATRE
FOR COLORED PEOPLE

흑인은 한때 인종차별로 인해 생활 방식부터
법적 권리까지 많은 차별을 받았어요.

Jim Crow Laws

law	명 법
character	명 등장인물
unfair	형 불공평한, 부당한
keep away (- kept away)	가까이 가지 않다, 멀리 하다 *keep away from ~에 가까이 가지 않다
serve (- served)	동 (식당 등에서 음식을) 제공하다
vote (- voted)	동 투표하다
begin (- began)	동 시작하다, 시작되다

LITERATURE 01 Friends on the Other Side

Peter012: Good morning! My name is Peter. Who are you?

Arun56: Hi, I'm Arun. It's evening here. I just had dinner!

Peter012: Wow, you are on the other side of the **planet**. There are many tall **buildings** here. How about there?

Arun56: There are not many buildings in my village. But a river **flows** through it. There are many trees **along** the river. I sometimes **climb up** the trees for fun.

Peter012: That's **amazing**! I like climbing up trees, too. I have a tree house!

Arun56: Oh, do you live in the tree house?

Peter012: No, I live in a brick building with my parents, sister, and my dog Rudy.

Arun56: I live with my family, too. My family is really _____(A)_____. There are about thirty people. My parents, sisters, brothers, grandparents, uncles, aunts, and cousins...

Peter012: Thirty? That's amazing! Do you have any pets?

Arun56: No, _____(B)_____ we have farm animals like cows, chickens, and pigs. My **whole** family takes care of them together.

Peter012: We live in really different places. But we **have** some things **in common**.

Arun56: I feel the same! After all, we live on the same planet.

●● **주요 단어와 표현**

other side 반대쪽   village 마을   through ~을 통해   for fun 재미로   brick 벽돌   parent 부모 *grandparent 조부모
aunt 고모, 이모   cousin 사촌   pet 반려동물   take care of ~을 돌보다   different 다른; 여러 가지의 *the same 같은
after all 어쨌든

Check Up

1

중심
생각

이 글의 알맞은 제목을 완성하세요.

> We Are Different but _____

① Fun   ② the Same   ③ Amazing   ④ Whole

2

세부
내용

글의 내용과 <u>틀린</u> 것을 고르세요.

① Peter가 있는 곳은 아침이다.

② Arun이 사는 곳에는 높은 건물이 많다.

③ Peter는 나무집이 있다.

④ Arun의 가족은 함께 농장 동물을 돌본다.

3

세부
내용

Peter와 Arun에 대해 알 수 <u>없는</u> 것을 고르세요.

① 사는 나라   ② 좋아하는 활동

③ 가족 수   ④ 키우는 동물의 종류

4

빈칸
추론

글의 빈칸 (A)에 들어갈 말로 가장 알맞은 것을 고르세요.

① big   ② small   ③ kind   ④ tall

5

빈칸
추론

글의 빈칸 (B)에 들어갈 말로 가장 알맞은 것을 고르세요.

① so   ② or   ③ but   ④ also

Build Up
글을 읽고, 빈칸에 <보기>의 단어를 채워 Peter와 Arun의 공통점과
차이점을 완성하세요.

보기   river   building   pet   climb

Peter

Peter and Arun

Arun

- has a tree house.
- lives in a brick
  a _____.
- has a **b** _____.

- like to **c** _____
  up trees.
- live with their families.

- lives near a
  d _____.
- takes care of farm
  animals with his
  family.

Sum Up
빈칸에 알맞은 단어를 <보기>에서 찾아 쓰세요.

보기   family   planet   same   common   evening

Today, I met Arun online. He lives on the other side of the **a** .
I talked to him in the morning. But Arun said it was **b** in his
village. Arun has a big **c** . There are about thirty people in his
family. Also, his family has many farm animals like cows and chickens. We live in
different places, but we have some things in **d** . After all, we
live on the **e** planet.

Look Up

A　아래 그림에 알맞은 단어를 고르세요.

❶

- ☐ brick
- ☐ building

❷

- ☐ flow
- ☐ take care of

❸

- ☐ climb up
- ☐ have in common

B　주어진 단어의 알맞은 우리말 뜻을 찾아 연결하세요.

❶ for fun　　•

•　모든, 전체의

❷ village　　•

•　재미로

❸ whole　　•

•　놀라운, 굉장한

❹ amazing　•

•　마을

C　우리말 해석에 맞도록 <보기>에서 알맞은 단어를 골라 빈칸에 쓰세요.

> | 보기 |　　　　　　　　in common　　along　　planet |

❶ 우리의 지구는 생명으로 가득하다.

→ Our ＿＿＿＿＿＿＿ is full of life.

❷ 나의 형과 나는 많은 것을 공통적으로 가지고 있다.

→ My brother and I have many things ＿＿＿＿＿＿＿ .

❸ 우리는 해변을 따라 걸었다.

→ We walked ＿＿＿＿＿＿＿ the beach.

Table Manners

There are interesting table manners in different parts of the world. In some countries, you shouldn't make any **noise** when you chew. In other countries, it's okay. In Japan, when you eat noodles, you have to make noise. It **means** that you're enjoying them.

When you hear someone burp in China, don't be surprised. Burping is **rude** in most countries, _____(A)_____ not in China. Burping means that the food was delicious. But you should be **careful with** chopsticks there. You shouldn't wave them in the air.

When people are **in a hurry**, they try to finish their meal _____(B)_____. But you shouldn't do that in France. French people like to **take their time** and enjoy the experience.

These table manners may be different from your culture's. But if you visit other countries, try to **follow** the basic **rules**.

● ● **주요 단어와 표현**

manners 예절, 예의 *table manners 식사 예절   interesting 흥미로운   part 지역   should ~해야 한다   chew 씹다
noodle 면, 국수   have to(- had to) ~해야 한다   burp 트림하다   surprised 놀란   chopstick 젓가락   wave 흔들다
in the air 공중에   try to ~하려고 노력하다   meal 식사   French 프랑스(인)의   experience 경험   may ~일지도 모른다
culture 문화   basic 기본적인

Check Up

1

중심
생각

이 글은 무엇에 대해 설명하는 내용인가요?

① 문화별 무례한 행동   ② 문화별 다양한 식사 예절

③ 상차림의 기본적인 규칙   ④ 각 나라를 대표하는 음식

2

세부
내용

글의 내용과 맞는 것에는 〇표, 틀린 것에는 ✕표 하세요.

(a) 일본에서는 면을 먹을 때 소리를 내면 안 된다.   _____

(b) 중국에서는 젓가락을 공중에 흔들면 안 된다.   _____

(c) 프랑스 사람들은 천천히 식사하는 경험을 즐긴다.   _____

3

빈칸
추론

글의 빈칸 (A)에 들어갈 말로 가장 알맞은 것을 고르세요.

① or   ② so   ③ and   ④ but

4

빈칸
추론

글의 빈칸 (B)에 들어갈 말로 가장 알맞은 것을 고르세요.

① quietly   ② carefully   ③ quickly   ④ slowly

5

내용
응용

글의 내용을 잘못 이해한 사람을 고르세요.

① 지원: 어떤 나라에서는 소리를 내며 먹는 것이 무례한 행동이야.

② 혁주: 일본에서는 트림하는 것이 음식을 칭찬하는 의미야.

③ 연재: 중국에서는 젓가락을 공중에 흔들면 안 돼.

④ 민아: 프랑스에서는 바쁘더라도 천천히 음식을 먹어야 해.

Build Up 각 나라의 식사 예절을 알맞게 연결하세요.

| ① | ② | ③ |
| Japan | China | France |

(A) Burping is not rude, but don't wave chopsticks in the air.

(B) You should take your time and enjoy your meal.

(C) When you eat noodles, you have to make noise.

 Sum Up 빈칸에 알맞은 단어를 <보기>에서 찾아 쓰세요.

보기   follow   manners   noise   meal   burping

Countries around the world have different table ⓐ _____ . In Japan, making ⓑ _____ is okay when you eat noodles. In China, ⓒ _____ is not rude. In France, you have to take your time and enjoy your ⓓ _____ . When you visit other countries, try to ⓔ _____ their table manners.

Look Up

A 아래 그림에 알맞은 단어를 고르세요.

❶
- ☐ rude
- ☐ careful

❷
- ☐ noise
- ☐ noodle

❸
- ☐ chew
- ☐ wave

B 주어진 단어의 알맞은 우리말 뜻을 찾아 연결하세요.

❶ mean •　　　　　• 바쁜

❷ take A's time •　　　• 기본적인

❸ basic •　　　　　• 천천히 하다

❹ in a hurry •　　　• 의미하다

C 우리말 해석에 맞도록 <보기>에서 알맞은 단어를 골라 빈칸에 쓰세요.

> 보기　　　　　　follow　　rules　　careful

❶ Harry는 경기 중에 어떠한 규칙도 어기지 않았다.

→ Harry didn't break any _____ during the game.

❷ 그 유리 꽃병을 조심해 주세요.

→ Please be _____ with the glass vase.

❸ 너는 네 부모님의 조언을 따라야 해.

→ You should _____ your parents' advice.

03 Different Shapes of Us

Many rocks lived on a hill. They loved to play and **roll** down the hill. _____(A)_____ they were round, they could roll through the grass. But poor Bob had to sit quietly. He couldn't roll because one **side** of him was **flat**. His friends said, "Let's roll!" Bob tried, but he couldn't.

Bob's friends wanted to help him. They **carried** Bob to the top of the hill. Then they **pushed** him. Bob just slid. Suddenly, one friend said, "I have an idea!" He found some mud and put it on the flat side of Bob. When the mud was dry, Bob became _____(B)_____.

Bob's friends stood back and watched. Bob moved slowly. Then for the first time, he rolled! Bob said, "Thank you, my friends! There is always **hope** when you don't **give up**."

● ● **주요 단어와 표현**

shape 모양   hill 언덕   round 둥근   poor 불쌍한   quietly 조용히   try(- tried) 시도하다   top 꼭대기, 정상   just 그저, 단지   slide(- slid) 미끄러지다   suddenly 갑자기   idea 생각   mud 진흙   dry 마른, 건조한   stand(- stood) 서다   back 뒤에서   move(- moved) 움직이다; 이주하다   slowly 천천히   for the first time 처음으로

1 이 글의 알맞은 제목을 완성하세요.

중심
생각

> _____ Can Make Us Help Each Other

① Rolling   ② Pushing   ③ Shapes   ④ Differences

2 글의 내용과 <u>틀린</u> 것을 고르세요.

세부
내용

① 언덕에 사는 바위들은 구르는 놀이를 즐겼다.

② Bob은 납작한 면이 있는 바위이다.

③ Bob의 친구들은 Bob을 언덕 꼭대기에서 밀었다.

④ Bob은 결국 구르지 못하고 꿈을 포기했다.

3 글의 빈칸 (A)에 들어갈 말로 가장 알맞은 것을 고르세요.

빈칸
추론

① If   ② When   ③ After   ④ Because

4 글의 빈칸 (B)에 들어갈 말로 가장 알맞은 것을 고르세요.

빈칸
추론

① sad   ② flat   ③ round   ④ quiet

5 글에 등장하는 단어로 빈칸을 채워 보세요.

세부
내용

> Bob's friend wanted to help Bob. He put mud on Bob's ____ⓐ____ side, and
> finally Bob ____ⓑ____ down the hill.

ⓐ : _____   ⓑ : _____

Build Up   글을 읽고, 빈칸에 <보기>의 단어를 채워 문제, 해결책, 결과를 완성하세요.

| 보기 | round   rolled   put   flat |

Problem
문제

Bob couldn't roll because one side of him was
ⓐ _____.

↓

Solution
해결책

One of Bob's friends ⓑ _____ some mud on Bob's flat side. Bob became ⓒ _____ when the mud was dry.

↓

Effect
결과

Bob ⓓ _____ for the first time.

Sum Up   이야기 순서에 맞게 빈칸에 번호를 쓰세요.

Bob became round. He moved slowly and rolled for the first time.

Bob's friends wanted to help him. They carried Bob to the top and pushed him. But Bob couldn't roll.

Poor Bob couldn't roll through the grass because one side of him was flat.

One friend found some mud and put it on the flat side of Bob.

A 아래 그림에 알맞은 단어를 고르세요.

1

☐ roll
☐ give up

2

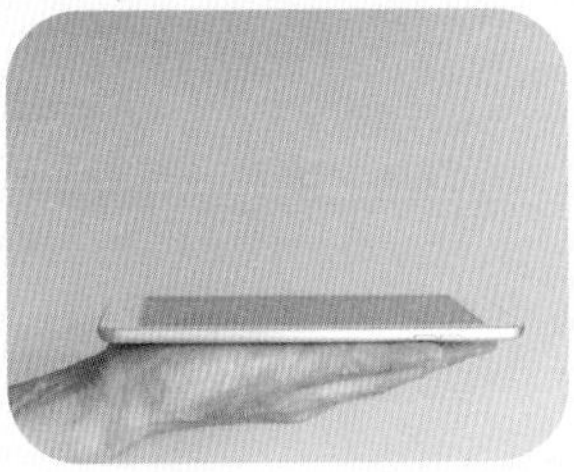

☐ flat
☐ round

3

☐ push
☐ slide

B 주어진 단어의 알맞은 우리말 뜻을 찾아 연결하세요.

1 side •
2 mud •
3 carry •
4 quietly •

• 들고 가다, 나르다
• 면, 쪽, 측면
• 진흙
• 조용히

C 우리말 해석에 맞도록 <보기>에서 알맞은 단어를 골라 빈칸에 쓰세요.

보기	hope pushed carried

1 우리는 상자들을 우리의 방으로 들고 갔다.

→ We ＿＿＿＿＿＿＿ the boxes to our room.

2 나는 내 미래에 대한 희망이 있다.

→ I have ＿＿＿＿＿＿＿ for my future.

3 그녀는 나를 문으로 밀었다.

→ She ＿＿＿＿＿＿＿ me to the door.

04 Jim Crow Laws

Before the 1960s, there were Jim Crow **laws** in America. "Jim Crow" was an African American **character** in a song. Jim Crow laws were **unfair** laws for people of color, for example, African Americans. The laws **kept** them **away from** white people.

_____(A)_____, some restaurants **served** only white people. This meant people of color could not use them. Every place had two different doors. Stations had two different waiting rooms. There were also two different ticket offices. Children had to go to different schools, too. Many African Americans couldn't **vote**, either.

Most Jim Crow laws **began** in the late 1800s and early 1900s. Because the laws were in the South, about 6 million African Americans moved to the North and the West. Finally, Jim Crow laws became illegal in the 1960s.

● ● **주요 단어와 표현**

before ~ 전에   African American 아프리카계 미국인   people of color 유색 인종   for example 예를 들어   white 백인의   mean(- meant) 의미하다   station 역   waiting room 대기실, 대합실   ticket office 매표소   either (부정문에서) ~도, 또한   late 후기의, 후반의 *early 초기의   south 남쪽, 남부 *north 북쪽, 북부   west 서쪽, 서부   million 백만의   finally 마침내   illegal 불법의

1 이 글은 어떤 내용의 글인지 고르세요.

중심
생각

① Jim Crow 법을 설명하는 글   ② Jim Crow의 일생을 소개하는 글

③ 인종 차별 금지를 주장하는 글   ④ 유색 인종 이주 배경을 설명하는 글

2 Jim Crow 법에 대해 글의 내용과 <u>틀린</u> 것을 고르세요.

세부
내용

① 유색 인종에게 불평등했다.

② 아이들은 인종에 따라 다른 학교로 다녀야 했다.

③ 1800년대 후반에서 1900년대 초반에 시작되었다.

④ 많은 아프리카계 미국인들이 남부로 이주하게 되었다.

3 글을 읽고 대답할 수 <u>없는</u> 질문을 고르세요.

세부
내용

① Who was "Jim Crow"?   ② Who made Jim Crow laws?

③ What did the laws do?   ④ When did the laws become illegal?

4 글의 빈칸 (A)에 들어갈 말로 가장 알맞은 것을 고르세요.

빈칸
추론

① However   ② Finally   ③ For example   ④ After all

5 글의 내용을 <u>잘못</u> 이해한 사람을 고르세요.

내용
응용

① 수현: 백인들만 이용할 수 있는 식당이 있었어.

② 세림: 역에는 백인만을 위한 대기실이 따로 있었대.

③ 주연: 같은 매표소에서 두 가지의 다른 표를 팔기도 했대.

④ 승주: 많은 유색 인종들은 투표를 할 수 없었어.

Build Up 주어진 질문에 알맞은 대답을 연결하세요.

Question | 질문

Answer | 대답

① What were Jim Crow laws?

(A) Every place had two doors, one for white people and one for people of color.

② What did the laws do?

(B) They kept people of color away from white people.

③ What are the examples of the laws?

(C) They were unfair laws for people of color.

Sum Up 빈칸에 알맞은 단어를 <보기>에서 찾아 쓰세요.

보기	served schools different South began

Most Jim Crow laws **a** _____ in the late 1800s and early 1900s in America. Some restaurants **b** _____ only white people. Also, every place had two **c** _____ doors. Children went to different **d** _____ , too. Many African Americans moved to the North and the West because the laws were in the **e** _____ .

Look Up

A 아래 그림에 알맞은 단어를 고르세요.

1

☐ law
☐ south

2

☐ mean
☐ serve

3

☐ station
☐ ticket office

B 주어진 단어의 알맞은 우리말 뜻을 찾아 연결하세요.

1 illegal • • 가까이 가지 않다

2 character • • 후기의, 후반의

3 late • • 등장인물

4 keep away • • 불법의

C 우리말 해석에 맞도록 <보기>에서 알맞은 단어를 골라 빈칸에 쓰세요.

> 보기   unfair   began   vote

1 갑자기, 비가 내리기 시작했다.

→ Suddenly, it _____ to rain.

2 이곳의 많은 규칙들은 나에게 불공평하다.

→ Many of the rules here are _____ for me.

3 Jenny에게 투표해 주세요. 그녀는 훌륭한 반장이 될 거예요.

→ _____ for Jenny. She will be a great class president.

3 Environment

SCIENCE ⓵

화석 연료는 우리에게 꼭 필요하지만 환경을
오염시킨다는 단점이 있답니다.

01 Fuels around Us

million	형 백만의 *millions of 수백만의, 수많은
interesting	형 흥미로운
need (- needed)	동 필요하다
deep	형 (아래로) 깊은, 깊숙이 들어간
engine	명 엔진, 동력
through	전 ~을 통해
far away	멀리 떨어진

LITERATURE ⓶

지구 온난화는 여러 기후 변화를
가져오는데, 가장 큰 문제점은 극지방의
얼음이 녹는다는 것이에요.

02 The Warm Arctic

change (- changed)	동 변하다, 바뀌다
ride (- rode)	명 (배 등에) 타기, 탐 동 타다 *on a ride 타고 있는
cub	명 (곰·여우 등의) 새끼
melt (- melted)	동 녹다, 녹이다
heat (- heated)	동 뜨겁게 하다 명 열, 열기
run (- ran)	동 운영하다, 경영하다
warm up (- warmed up)	따뜻해시나

SOCIETY 03

지구 온난화는 이산화탄소가 가장
큰 원인이라고 해요. 이산화탄소를 줄이는
것이 환경 보호의 첫걸음이랍니다.

Footprints in the Air

problem	명 문제
put (- put)	동 넣다, 두다, 놓다
for example	예를 들어
almost	부 거의
in use	사용 중인
stair	명 계단
instead of	전 ~ 대신에

LITERATURE 04

여러 곳을 돌아다니며 모험을 하는
'나'의 이야기를 읽어 보며 함께 여행을
떠나 보아요.

New Journey!

store	명 가게
shape	명 모양
pick up (- picked up)	(차에) 태우다
drive (- drove)	동 운전하다, (차가) 가다
together	부 함께
soft	형 부드러운
any longer	더 이상

Fuels around Us

Coal, oil, and natural gas are *fossil fuels. The oldest ones can be 400 **million** years old. Here are some other **interesting** numbers about fossil fuels.

Humans started using coal 2,000 years ago. About 40 percent of the world's electricity comes from coal. How much coal do we use? Your refrigerator **needs** 300 kg of coal to work for one year.

We get oil by making a **deep** hole into the earth. About 85 percent of the oil is turned into fuels for **engines**. We need more and more oil _____(A)_____ we make **millions of** new cars every year.

Around 2,000 years ago, people made pipes from bamboo and used them to find natural gas. We still get natural gas **through** pipes, but from places **far away**. A gas pipe under the sea can be about 1,200 km long.

*fossil fuel 화석 연료

●● **주요 단어와 표현**

fuel 연료 around 주위에; 약, 대략 coal 석탄 oil 석유 natural gas 천연가스 number 숫자 percent 퍼센트
about ~에 관한; 약, 대략 electricity 전기 refrigerator 냉장고 work (기계 등이) 작동하다 hole 구멍 earth 땅; 지구
is[are] turned into ~가 되다, ~로 변하다 more and more 점점 더 많은 pipe 파이프, 관 bamboo 대나무 still
여전히

Check Up

1 이 글은 무엇에 대해 설명하는 내용인가요?

중심
생각

① 화석 연료 절약 방법   ② 새로운 화석 연료의 발견

③ 화석 연료와 관련된 흥미로운 숫자들   ④ 화석 연료 대체 에너지 개발

2 글의 내용과 맞는 것에는 ○표, 틀린 것에는 ✕표 하세요.

세부
내용

(a) 인간은 4억 년 전부터 석탄을 사용했다.   _____

(b) 석유는 대부분 엔진을 위한 연료로 사용된다.   _____

(c) 천연가스를 얻기 위해 파이프를 사용한다.   _____

3 글을 통해 알 수 <u>없는</u> 내용을 고르세요.

세부
내용

① 화석 연료의 종류   ② 냉장고의 무게

③ 석유의 출처   ④ 해저 가스 파이프의 길이

4 글의 빈칸 (A)에 들어갈 말로 가장 알맞은 것을 고르세요.

빈칸
추론

① but   ② if   ③ because   ④ so

5 아래 빈칸에 들어갈 알맞은 숫자를 <보기>에서 골라 쓰세요.

세부
내용

보기	400	85	2,000	1,200	40	300

(a) Humans started using coal _____ years ago.

(b) About _____ percent of the oil is turned into fuels for engines.

(c) A gas pipe under the sea can be about _____ km long.

Build Up   글을 읽고, 빈칸에 <보기>의 단어를 채워 화석 연료의 특징을 완성하세요.

보기	bamboo engines gas about

Coal

• a _____

40 percent of the world's electricity comes from coal.

Oil

• Most oil is turned into fuels for

b _____.

Natural
c _____

• We get it through pipes.
• Long ago, people made pipes from

d _____.

 Sum Up   빈칸에 알맞은 단어를 <보기>에서 찾아 쓰세요.

보기	through interesting electricity fuels

There are a _____ numbers about coal, oil, and natural gas. First, we use coal to get b _____. A refrigerator uses 300 kg of coal for a year. Next, about 85 percent of oil becomes c _____ for engines. Lastly, we get natural gas d _____ pipes. A gas pipe can be about 1,200 km long.

A 아래 그림에 알맞은 단어를 고르세요.

①

☐ bamboo
☐ refrigerator

②

☐ coal
☐ engine

③

☐ earth
☐ pipe

B 주어진 단어의 알맞은 우리말 뜻을 찾아 연결하세요.

① deep •

• 백만의

② far away •

• (아래로) 깊은

③ million •

• (기계 등이) 작동하다

④ work •

• 멀리 떨어진

C 우리말 해석에 맞도록 <보기>에서 알맞은 단어를 골라 빈칸에 쓰세요.

> 보기   engine   need   interesting

① 그 작가는 아이들을 위한 여러 흥미로운 책을 썼다.

→ The writer wrote many _____ books for children.

② 차의 엔진에 어떤 이상이 있다.

→ Something is wrong with the car _____ .

③ 나는 신선한 공기가 좀 필요하다.

→ I _____ some fresh air.

The Warm Arctic

Some things never **change** in the Arctic. In the summer, the sun never sets. In the winter, the sun never rises. But recently, something started to change.

One day, I was **on a boat ride** with Dad. I saw two white balls on a sheet of ice. Dad said, "Those are polar bear **cubs**. I think they lost their mother. The ice under the cubs broke off and carried them away. The ice **melted** too fast."

I asked, "Why did the ice melt too fast?" Dad said it was because we used too much energy to **heat** houses and **run** factories. We burn fossil fuels to get energy, but it makes gas. That gas forms a tent around the earth, _____(A)_____ this tent traps extra **heat**. It makes the Arctic **warm up** more every year.

●● **주요 단어와 표현**

the Arctic 북극 set (해·달이) 지다 rise (해·달이) 뜨다 recently 최근에 a sheet of ice 얼음판, 얼음장 break off
(- broke off) 깨지다, 갈라지다 carry away(- carried away) ~을 옮기다 factory 공장 burn 태우다; 타다 form 만들다,
형성하다 tent 텐트 trap 가두다 extra 여분의, 추가의

Check Up

정답과 해설 p.29

1 이 글의 알맞은 제목을 고르세요.

중심
생각

① Looking for the Mother Bear　　② The Melting Home of Polar Bears

③ Saving Energy in the Arctic　　④ A Fun Ride on a Sheet of Ice

2 글의 내용과 **틀린** 것을 고르세요.

세부
내용

① 북극의 겨울에는 해가 뜨지 않는다.

② 글쓴이가 발견한 하얀 공은 새끼 북극곰이었다.

③ 화석 연료를 태우면 가스가 생긴다.

④ 매년 북극 주변에만 가스 텐트가 생긴다.

3 글을 통해 알 수 **없는** 내용을 고르세요.

세부
내용

① 북극에서 여름에 해가 지지 않는 이유　　② 새끼 북극곰이 어미와 헤어지게 된 이유

③ 얼음이 빨리 녹은 이유　　④ 가스 텐트가 북극에 미치는 영향

4 글의 빈칸 (A)에 들어갈 말로 가장 알맞은 것을 고르세요.

빈칸
추론

① when　　② and　　③ but　　④ because

5 글의 내용을 **잘못** 이해한 사람을 고르세요.

내용
응용

① 지혜: 북극곰 가족을 위해 튼튼하고 안전한 집을 만들어야 해.

② 수빈: 화석 연료를 태워서 생기는 가스는 지구를 따뜻하게 해.

③ 진혁: 우리가 에너지를 많이 써서 북극곰의 집이 사라지고 있어.

④ 승호: 북극이 점점 따뜻해지는 것을 막기 위해 에너지를 절약하자.

Build Up
글을 읽고, 빈칸에 <보기>의 단어를 채워 아래 표를 완성하세요.

보기　　　heat　　broke off　　melted　　burn

We a _____ fossil fuels to get energy.

↓

It makes gas, and that gas forms a tent around the earth. The tent traps extra
b _____ .

↓

It makes the Artic warm up more every year.

↓

The ice c _____ too fast.

↓

The ice under the cubs d _____ and carried them away.

STEP 3

Sum Up
빈칸에 알맞은 단어를 <보기>에서 찾아 쓰세요.

보기　　　ride　　warm up　　under　　cubs　　tent

Today, I went on a boat a _____ with my dad. Then I saw two

polar bear b _____ . Dad said that the ice c _____ the

cubs broke and carried them away. He also talked about energy. We burn fossil

fuels to get energy, but it makes gas. That gas forms a d _____

around the earth, and this tent makes the earth e _____ more every

year.

Look Up

A

아래 그림에 알맞은 단어를 고르세요.

1

☐ cub
☐ factory

2

☐ melt
☐ burn

3

☐ break off
☐ warm up

B

주어진 단어의 알맞은 우리말 뜻을 찾아 연결하세요.

1 trap •   • 변하다

2 change •   • (배 등에) 타기 ; 타다

3 recently •   • 가두다

4 ride •   • 최근에

C

우리말 해석에 맞도록 <보기>에서 알맞은 단어를 골라 빈칸에 쓰세요.

> 보기   heated   warm up   runs

1 나의 엄마는 식당을 운영하신다.

→ My mother   a restaurant.

2 나는 물이 끓을 때까지 데웠다.

→ I   the water until it boiled.

3 이 차를 마셔라, 그러면 너는 곧 따뜻해질 것이다.

→ Drink this tea, and you will   soon.

03 Footprints in the Air

We sometimes think that global warming is not our **problem**. But we need to think differently. It is our problem because we can do something about it. The best way is to lower our *carbon footprints.

When we use energy, we **put** carbon into the air. It's called a carbon footprint. Everyone makes a carbon footprint. **For example**, we use electricity for **almost** everything. The electricity comes from burning fossil fuels. When fossil fuels burn, it makes greenhouse gases. So, we make carbon footprints every day.

_____(A)_____ your carbon footprint is easy. Start by using less energy. For example, turn off computers or televisions when they are not **in use**. Take the **stairs instead of** an elevator. Or how about walking or riding a bike instead of taking a car?

*carbon 탄소

● ● **주요 단어와 표현**

footprint 발자국   air 공기, 대기   global warming 지구 온난화   need to ~해야 한다   differently 다르게   way 방법
lower (양을) 낮추다, 줄이다   greenhouse gas 온실가스   less 덜, 더 적은   turn off (전원을) 끄다   elevator 엘리베이터
take 타다

Check Up

1

중심
생각

이 글에서 가장 중심이 되는 단어를 글에서 찾아 쓰세요. (2단어)

_____

2

세부
내용

글의 내용과 맞는 것에는 O표, 틀린 것에는 ✕표 하세요.

(a) 지구 온난화를 막을 수 있는 방법이 없다. _____

(b) 공기 중으로 탄소를 내보내는 것을 탄소 발자국이라 한다. _____

(c) 몇몇 사람들만 탄소 발자국을 만든다. _____

3

빈칸
추론

글의 빈칸 (A)에 들어갈 말로 가장 알맞은 것을 고르세요.

① Putting   ② Lowering   ③ Finding   ④ Thinking

4

내용
응용

글의 내용을 바르게 이해한 사람을 고르세요.

① 시준: 공기 중에 탄소 발자국을 남기는 것은 쉽지 않아.

② 혜린: 에너지를 적게 사용하면 탄소 발자국이 생기지 않아.

③ 아율: 계단을 이용하는 것도 탄소 발자국을 줄이는 방법이야.

④ 선우: 걷는 것이 자전거 타는 것보다 탄소 발자국을 더 줄일 수 있어.

5

중심
생각

글에 등장하는 단어로 빈칸을 채워 보세요.

We need to _____ ⓐ our carbon footprints because global warming is

our _____ ⓑ .

ⓐ : _____   ⓑ : _____

Build Up

글을 읽고, 빈칸에 <보기>의 단어를 채워 탄소 발자국을 줄이는 방법을 정리하세요.

보기	ride energy instead of in use

Use less **a** _____ to lower your carbon footprint.

Turn off computers or televisions when they are not **b** _____.

Take the stairs **c** _____ an elevator.

Walk or **d** _____ a bike instead of taking a car.

STEP 3

Sum Up

빈칸에 알맞은 단어를 <보기>에서 찾아 쓰세요.

보기	less way burning put

Energy comes from **a** _____ fossil fuels. It makes greenhouse gases. So when we use energy, we **b** _____ carbon into the air. It's called a carbon footprint. Everyone makes a carbon footprint. We need to start using **c** _____ energy and lower our carbon footprints. That is the best **d** _____ to save the earth from global warming.

Look Up

A 아래 그림에 알맞은 단어를 고르세요.

①

- ☐ stair
- ☐ elevator

②

- ☐ electricity
- ☐ footprint

③

- ☐ lower
- ☐ turn off

B 주어진 단어의 알맞은 우리말 뜻을 찾아 연결하세요.

① put ·   · 다르게

② in use ·   · 넣다, 두다

③ differently ·   · 예를 들어

④ for example ·   · 사용 중인

C 우리말 해석에 맞도록 <보기>에서 알맞은 단어를 골라 빈칸에 쓰세요.

보기	problems instead of almost

① 나는 종이컵 대신 머그잔을 사용한다.

→ I use a mug _____ a paper cup.

② 이제 거의 공항으로 출발해야 하는 시간이다.

→ It's _____ time to leave for the airport.

③ 이 새 건물은 많은 문제가 있다.

→ This new building has many _____ .

New Journey!

My journey started in a **store**. There were many plastic containers in all **shapes** and sizes. Suddenly, a boy came in and bought me. Then he took me to a park. The sunlight was warm. It was a beautiful day.

A few days later, I was in a recycling bin. But soon a truck came and **picked me up**. It **drove** to a recycling center. I was glad that I met other plastic bottles there. But soon a machine put us all **together** and made us into a big block.

A few weeks later, I was at a different place. I got washed and heated up. I melted and then became long and **soft** noodles. I was also cut into pieces. I wasn't ____(A)____ **any longer**. But I was ready to become something new.

●● **주요 단어와 표현**

journey 여정, 여행   plastic 플라스틱   container 용기, 그릇   size 크기   suddenly 갑자기   a few 몇몇의
recycling bin 재활용 쓰레기통   bottle 병   machine 기계   block (단단한) 사각형 덩어리   get washed
(- got washed) 씻겨지다   get heated up(- got heated up) 가열되다   noodle 국수 모양 ((면 형태의 길고 가는 것))
was[were] cut into ~으로 잘라졌다

Check Up

정답과 해설 p.34

1

세부
내용

'I'는 여정을 떠나기 전에는 무엇이었나요?

① noodle soup

② a recycling bin

③ a plastic bottle

④ a plastic piece

2

중심
생각

이 글은 무엇에 대해 설명하는 내용인가요?

① 다양한 플라스틱 용기 모양

② 플라스틱이 재활용되는 과정

③ 플라스틱 병을 만드는 방법

④ 플라스틱 사용을 줄이는 법

3

세부
내용

'I'에 대해 글의 내용과 맞으면 ○표, <u>틀린</u> 것에는 ✕표 하세요.

(a) 여정의 첫 번째 장소는 한 가게이다. _____

(b) 남자아이가 재활용 센터로 데리고 갔다. _____

(c) 재활용 센터에서 긴 국수 모양이 되었다. _____

4

빈칸
추론

글의 빈칸 (A)에 들어갈 말로 가장 알맞은 것을 고르세요.

① a bottle

② a piece

③ a recycling bin

④ a machine

5

내용
응용

다음 중 'I'의 변화 과정 순서로 올바른 것을 고르세요.

(A) I was cut into pieces.	(B) I got washed and heated up.
(C) I became a block.	(D) I melted and became soft.

① (B) – (C) – (D) – (A)

② (B) – (D) – (A) – (C)

③ (C) – (B) – (D) – (A)

④ (C) – (D) – (A) – (B)

STEP 2 Build Up

'I'의 여정 순서에 맞게 빈칸에 번호를 쓰세요.

❶	❷	❸	❹

At the recycling center, a machine made me and other plastic bottles into a block.	A boy bought me and took me to a park.	I was in a recycling bin.	I was in a store with other plastic containers.

STEP 3 Sum Up

빈칸에 알맞은 단어를 <보기>에서 찾아 쓰세요.

보기   block   soft   store   bottle

I am in small pieces now, but I am waiting to become something new. I was a plastic (a) before. My journey first started in a (b) . Soon I was in a recycling bin and moved to a recycling center. I met other plastic bottles there, but a machine made us into a (c) . Later, I got heated up and became long and (d) noodles. Now I am ready for another journey.

Look Up

A 아래 그림에 알맞은 단어를 고르세요.

 ❶

 ❷

 ❸

☐ store
☐ shape

☐ get washed
☐ get heated up

☐ block
☐ bottle

B 주어진 단어의 알맞은 우리말 뜻을 찾아 연결하세요.

❶ journey •

❷ pick up •

❸ drive •

❹ any longer •

• (차에) 태우다

• 운전하다

• 더 이상

• 여정, 여행

C 우리말 해석에 맞도록 <보기>에서 알맞은 단어를 골라 빈칸에 쓰세요.

> 보기   shape   soft   together

❶ Cindy와 나는 매일 함께 숙제를 한다.

→ Cindy and I do homework _____ every day.

❷ 그 케이크는 하트 모양이었다.

→ The cake was in a heart _____ .

❸ 감자가 부드러워질 때까지 삶아라.

→ Boil the potatoes until they are _____ .

CHAPTER 4

Creatures

ANIMALS 01

열대우림에는 전 세계 생물 종의 절반 이상이 살고 있기 때문에 독특하고 희귀한 생물들을 볼 수 있어요.

Life in the Rainforests

insect	몡 곤충
easy	혱 쉬운
easily	뷔 쉽게
stay (- stayed)	동 머물다, 계속 있다
famous	혱 유명한 *famous for ~로 유명한
scream (- screamed)	동 소리치다, 비명을 지르다
enemy	몡 적, 경쟁 상대
cool off (- cooled off)	식다, 시원해지다

NATURE 02

스스로를 보호하기 위해 보호색이 있거나 특이한 생김새를 가지고 있는 곤충들이 있어요.

Liam's Insect Report

usually	뷔 보통, 대개
fresh	혱 신선한
harmful	혱 해로운
slow down (- slowed down)	(속도, 진행을) 늦추다
lay (- laid)	동 (알을) 낳다
attack (- attacked)	몡 공격 동 공격하다 *under attack 공격을 받는
cut off (- cut off)	~을 잘라내다

VOCA

SCIENCE 03

바다는 너무 넓고 깊어서 아직 우리가 발견하지 못한 생물들이 많다고 해요. 언젠가는 바다의 모든 생물들을 발견할 수 있겠죠?

Under the Sea

ocean	명 바다, 대양
various	형 다양한, 여러 가지의
way	명 방법
difficult	형 어려운
large	형 큰
swallow (- swallowed)	동 (음식을) 삼키다
arrive (- arrived)	동 도착하다

MYTH 04

한때는 중국의 양쯔강에서만 서식했던 돌고래들이 있었어요. 이 돌고래의 전설에 대해 알아볼까요?

A River Dolphin

order	명 명령, 지시
sorry	형 안쓰러운, 안된 *sorry for ~가 안쓰러운
sink (- sank)	동 가라앉다, 침몰하다
regret (- regretted)	동 후회하다
protect (- protected)	동 보호하다
protection	명 보호
symbol	명 상징

01 Life in the Rainforests

Rainforests are home to many animals, plants, and **insects**. But sceing rainforest animals like howler monkeys or tapirs is not **easy**. Some like to **stay** close to the sky. Others hide from the heat in water.

Howler monkeys are **famous for** their loud howls. They **scream** in the morning and at night. You can hear them scream from 5 km away! But you cannot see them **easily**. They live at the top of the trees because they can find more food there than on the ground.

Tapirs are also hard to find during the day. They are land animals, _____(A)_____ they like to stay in and under water most of the day for many reasons: they feed on water plants, hide from their **enemies**, and **cool off** during hot days.

● ● **주요 단어와 표현**

rainforest 열대우림   plant 식물 *water plant 수생 식물   close 가까이   hide 숨다   heat 열, 열기   ground 땅, 지면
loud (소리가) 큰   howl 울부짖는 소리   away 떨어진   top 꼭대기   find 찾다, 발견하다   hard 힘든, 어려운   during
~동안   day 낮; 하루   land 육지   most of ~의 대부분   reason 이유   feed on ~을 먹고 살다

Check Up

1 이 글은 무엇에 대해 설명하는 내용인가요?

중심
생각

① 열대우림에서의 생존법　　　　　② 보기 힘든 열대우림 동물들

③ 동물들이 더위를 피하는 방법　　 ④ 열대우림을 보호하는 방법

2 글의 내용과 맞는 것에는 ○표, **틀린** 것에는 ✕표 하세요.

세부
내용

(a) 멀리서도 howler monkey의 우는 소리가 들린다.　　　＿＿＿＿＿

(b) 나무 꼭대기에는 howler monkey의 먹이가 별로 없다.　＿＿＿＿＿

(c) tapir는 낮에 발견하기 쉽지 않다.　　　　　　　　　　＿＿＿＿＿

3 tapir가 물속에 머무는 이유가 **아닌** 것을 고르세요.

세부
내용

① 먹이를 찾으려고　　　　　　　　② 적으로부터 숨으려고

③ 더위를 식히려고　　　　　　　　④ 땅 위의 소음을 피하려고

4 글의 빈칸 (A)에 들어갈 말로 가장 알맞은 것을 고르세요.

빈칸
추론

① so　　　　　　② but　　　　　　③ when　　　　　④ because

5 글에 등장하는 단어로 빈칸을 채워 보세요.

중심
생각

> Howler monkeys and tapirs are land animals, but they are ＿＿ⓐ＿＿ to find.
> The monkeys live at the top of the trees, and tapirs usually ＿＿ⓑ＿＿ in and
> under water most of the day.

ⓐ : ＿＿＿＿＿＿＿　　　　　　　　ⓑ : ＿＿＿＿＿＿＿

Build Up 아래 동물을 설명하는 내용에 알맞게 연결하세요.

Howler monkeys

Tapirs

(A) feed on water plants.

(B) live at the top of the trees.

(C) scream in the morning and at night.

(D) stay in and under water during the day.

 Sum Up 빈칸에 알맞은 단어를 <보기>에서 찾아 쓰세요.

보기   famous   hide   insects   stay   find

There are many animals, plants, and (a)　　　　　　 in rainforests. But some animals are not easy to (b)　　　　　　. Howler monkeys are (c)　　　　　　 for their loud howls. You can hear them scream from 5 km away. Tapirs (d)　　　　　　 in and under water most of the day. They do that to (e)　　　　　　 from their enemies and stay cool.

A 아래 그림에 알맞은 단어를 고르세요.

①

②

③

① ☐ insect
☐ ground

② ☐ hide
☐ scream

③ ☐ cool off
☐ feed on

B 주어진 단어의 알맞은 우리말 뜻을 찾아 연결하세요.

① stay •   • 열대우림

② easily •   • 머물다

③ rainforest •   • 땅, 지면

④ ground •   • 쉽게

C 우리말 해석에 맞도록 <보기>에서 알맞은 단어를 골라 빈칸에 쓰세요.

보기	easy enemies famous

① 그 왕은 주변에 적이 많았다.

→ The king had many   around him.

② 그는 프랑스에서 유명한 요리사이다.

→ He is a   cook in France.

③ 사막에서 물을 찾기란 쉽지 않다.

→ Finding water in the desert is not   .

02 Liam's Insect Report

Insect Name	Where do they live?
*Walkingstick, also called stick insect	They can be found in grass or the woods.
What do they look like?	**What do they eat?**
They are **usually** green or brown in color. They don't have wings, so they cannot fly. They are usually 7 to 10 cm long. They can regrow their **antennae and legs.	They eat the leaves of trees. They also get water from **fresh** leaves. They can be **harmful** to trees _____(A)_____ they **slow down** the growth of their fruits.

Fun Facts

- They can change their color to hide from their enemies.
- The females **lay** eggs from July to late fall. Their eggs look like plant seeds.
- When they are **under attack**, they **cut off** their own legs and run away.
- There are over 3,000 species of stick insects. Some species can be more than 30 cm long.

*walkingstick 대벌레
**antennae (곤충의) 더듬이(antenna의 복수형)

● ● **주요 단어와 표현**

report 보고서   called ~라고 불리는   are[is] found 발견되다   woods 숲   wing 날개   regrow 재생시키다   growth 성장   fruit 열매   female 암컷   seed 씨앗   run away 도망치다, 달아나다   over ~을 넘어, 이상   species 종 ((생물 분류 단위))

Check Up

1

중심
생각

이 글의 알맞은 제목을 고르세요.

① How to Attack like the Walkingstick

② The Walkingstick's Favorite Food

③ The Different Species of the Walkingstick

④ Everything to Know about the Walkingstick

2

세부
내용

대벌레에 대해 글의 내용과 <u>틀린</u> 것을 고르세요.

① 풀밭이나 숲에서 산다.

② 적을 공격할 때, 적의 다리를 잘라낸다.

③ 식물의 씨앗처럼 생긴 알을 낳는다.

④ 어떤 대벌레 종의 길이는 30cm 이상이다.

3

세부
내용

대벌레에 대해 글에 <u>없는</u> 내용을 고르세요.

① 생김새   ② 적   ③ 먹이   ④ 번식 시기

4

빈칸
추론

글의 빈칸 (A)에 들어갈 말로 가장 알맞은 것을 고르세요.

① so   ② or   ③ but   ④ because

5

내용
응용

대벌레에 대해 <u>잘못</u> 이해한 사람을 고르세요.

① 지민: 적의 눈에 띄지 않게 색을 바꿀 수 있어.

② 원우: 더듬이는 한 번 잘리면 다시 자라지 않아.

③ 수아: 나뭇잎으로 수분을 얻기 때문에 마른 잎을 주면 안돼.

④ 정태: 재생 능력이 뛰어나서 다리가 잘려도 살 수 있어.

Build Up 대벌레에 대해 맞으면 Yes, <u>틀리면</u> No에 ✔표시를 하세요.

Walkingstick Quiz

❶ Do they live in grass? ☐ Yes ☐ No

❷ Are they usually more than 30cm long? ☐ Yes ☐ No

❸ Can they change their color? ☐ Yes ☐ No

❹ Can they regrow their antennae and legs? ☐ Yes ☐ No

❺ Are they helpful to trees? ☐ Yes ☐ No

❻ Do they lay eggs in the spring? ☐ Yes ☐ No

Sum Up 빈칸에 알맞은 단어를 <보기>에서 찾아 쓰세요.

보기	grass leaves fresh wings color

Last Saturday, I found a walkingstick in the (a) _____ . I caught it and put it in a box. It changed its (b) _____ from green to brown. It was the same color as the box! It didn't have (c) _____ , but it had long legs. I gave some dry (d) _____ to the insect, but it didn't eat them. The next day, the walkingstick was dead. Mom said, "Walkingsticks only eat (e) _____ leaves because they get water from them." They are such interesting insects.

Look Up

A 아래 그림에 알맞은 단어를 고르세요.

❶

☐ seed
☐ woods

❷

☐ cut off
☐ run away

❸

☐ attack
☐ growth

B 주어진 단어의 알맞은 우리말 뜻을 찾아 연결하세요.

❶ lay   •   • 암컷

❷ female   •   • (속도, 진행을) 늦추다

❸ report   •   • (알을) 낳다

❹ slow down •   • 보고서

C 우리말 해석에 맞도록 <보기>에서 알맞은 단어를 골라 빈칸에 쓰세요.

> 보기   usually   fresh   harmful

❶ 탄산음료를 너무 많이 마시는 것은 당신의 건강에 해롭다.

→ Drinking too much soda is   to your health.

❷ 나의 엄마는 보통 오후 7시 전에 일을 마치고 집으로 오신다.

→ My mom   comes home from work before 7 p.m.

❸ 밖에 나가서 신선한 공기를 마시자!

→ Let's go outside and get some   air!

Ch4 Creatures **75**

Under the Sea

Light cannot go deep into the **ocean**. You can't see anything down there, but **various** fish live there. Fish under the deep sea have their own **ways** to survive. Because food is **difficult** to find, most of them have **large** mouths. They can actually **swallow** fish bigger than themselves.

An anglerfish has a fishing pole on its head. The pole has a blue light at the end. When other fish swim toward the light, they **arrive** in the mouth of the anglerfish.

Stoplight loosejaws also light up like anglerfish. But they have a red light. The fish use it to look for food and communicate with each other. As their name shows, they can open their mouths wide.

●● **주요 단어와 표현**

light 빛 *light up 빛나다   deep 깊이; 깊은 *deep sea 심해   survive 살아남다, 생존하다   actually 실제로
fishing pole 낚싯대   end 끝부분   toward ~을 향하여, ~쪽으로   loose 헐거운, 느슨한   jaws (동물의) 입   look
for ~을 찾다   communicate 의사소통을 하다   each other 서로   open (입을) 벌리다   wide 활짝

Check Up

1 이 글은 무엇에 대해 설명하는 내용인가요?

중심
생각

① Why is it dark under the deep sea?

② How do fish under the deep sea survive?

③ How many fish live under the deep sea?

④ Why should we protect fish under the deep sea?

2 대부분 심해 물고기의 입이 큰 이유를 고르세요.

세부
내용

① 빛을 내기 위해서   ② 먹이를 쉽게 얻기 위해서

③ 빠르게 헤엄치기 위해서   ④ 의사소통을 하기 위해서

3 anglerfish에 대해 글의 내용과 맞으면 ○표, <u>틀린</u> 것에는 ×표 하세요.

세부
내용

(a) 머리에 낚싯대가 있다.   _____

(b) 몸에서 빨간 빛을 낸다.   _____

(c) 빛으로 먹이를 유인해 사냥한다.   _____

4 글을 읽고 대답할 수 <u>없는</u> 질문을 고르세요.

세부
내용

① Where do anglerfish have a blue light?

② Why do other fish swim toward the light?

③ What color of light do stoplight loosejaws have?

④ How do stoplight loosejaws communicate with each other?

5 글에 등장하는 단어로 빈칸을 채워 보세요.

중심
생각

> Under the deep sea, there are _____ⓐ_____ fish. Fish like anglerfish and
> stoplight loosejaws use _____ⓑ_____ to survive in the ocean.

ⓐ : _____   ⓑ : _____

Build Up   글에 나온 물고기에 해당하는 특징을 각각 연결하세요.

• (A) has a red light.

❶ The anglerfish   •

• (B) has a fishing pole on its head.

• (C) uses its light to communicate with others.

❷ The stoplight loosejaw   •

• (D) has a blue light.

• (E) can open its mouth wide.

Sum Up   빈칸에 알맞은 단어를 <보기>에서 찾아 쓰세요.

보기	light large ways swallow find

Various fish live in the deep ocean. It's very dark, but they all have their own

ⓐ _____ to survive under the deep sea. Most of them have

ⓑ _____ mouths because they cannot ⓒ _____ food

easily in the dark. They can even ⓓ _____ fish bigger than

themselves. Some fish, like anglerfish and stoplight loosejaws, use

ⓔ _____ to survive.

A 아래 그림에 알맞은 단어를 고르세요.

①
②
③

☐ deep
☐ wide

☐ arrive
☐ communicate

☐ light up
☐ look for

B 주어진 단어의 알맞은 우리말 뜻을 찾아 연결하세요.

① ocean ·   · 다양한

② large ·   · 살아남다

③ survive ·   · 바다, 대양

④ various ·   · 큰

C 우리말 해석에 맞도록 <보기>에서 알맞은 단어를 골라 빈칸에 쓰세요.

> 보기   difficult   swallow   ways

① 고기를 요리하는 많은 방법이 있다.

→ There are many _____ to cook meat.

② 이 책은 11세 이하 학생들에게 너무 어렵다.

→ This book is too _____ for students under 11.

③ 무언가를 삼킬 때, 내 목이 아프다.

→ My throat hurts when I _____ something.

MYTH

04 A River Dolphin

Once there lived a beautiful and smart princess. She lived with her father, the king, near *the Yangtze river. One day, the king chose a man to marry the princess. But the princess said no. The king got very angry because she didn't follow his **order**.

He took her out on his boat and threw her into the river. As she was going down, a river goddess saved her. The goddess felt **sorry for** her and changed her into a dolphin. When the dolphin told her about the king, the goddess got angry. The goddess created a storm, and the king's boat **sank** in the storm. But the dolphin saved her father. The king **regretted** his actions and started to **protect** _____(A)_____ in the river. Dolphins became the **symbol** of peace and **protection**.

*the Yangtze river 양쯔강 ((중국에서 가장 긴 강))

●● **주요 단어와 표현**

dolphin 돌고래   once (예전에) 한때   choose(- chose) 선택하다   marry ~와 결혼하다   follow (명령에) 따르다
take A out(- took A out) A를 데리고 나가다   throw(- threw) 던지다   goddess 여신   save(- saved) 구하다   feel(- felt)
~한 기분이 들다   change A into B(- changed A into B) A를 B로 변하게 하다   create(- created) 만들어 내다   storm 폭풍
action (사람의) 행동, 행위   peace 평화

1 이 글의 알맞은 제목을 완성하세요.

중심
생각

① The King's Sinking Ship   ② The Angry River Goddess

③ Saving Dolphins in the River   ④ A Princess Became a River Dolphin

2 글의 내용과 맞으면 O표, 틀린 것에는 X표 하세요.

세부
내용

(a) 공주는 스스로 결혼할 남자를 선택했다.   _____

(b) 왕은 공주를 배에 태워서 강물에 내던졌다.   _____

(c) 강의 여신은 공주에게 화가 났다.   _____

3 글에서 강의 여신이 한 일이 아닌 것을 고르세요.

세부
내용

① 공주를 구하기   ② 공주를 돌고래로 만들기

③ 폭풍을 만들어 내기   ④ 왕의 명령을 따르지 않기

4 글의 빈칸 (A)에 들어갈 말로 가장 알맞은 것을 고르세요.

빈칸
추론

① his boats   ② dolphins   ③ the princess   ④ the goddess

5 돌고래가 상징하게 된 것을 모두 고르세요.

세부
내용

① 평화   ② 자유   ③ 보호   ④ 폭풍

Build Up   각 등장 인물을 설명하는 내용에 알맞게 연결하세요.

(A) created a storm and made the king's boat sink.

1 The princess

(B) took the princess out on a boat.

(C) didn't follow the king's order.

2 The king

(D) saved her father from the storm.

(E) turned the princess into a dolphin.

3 The river goddess

(F) protected dolphins in the river.

Sum Up   이야기 순서에 맞게 빈칸에 번호를 쓰세요.

1 The goddess saved the princess and changed her into a dolphin.

2 When the goddess heard about the king, she created a storm, and his boat sank.

3 The king threw the princess into the river because she didn't follow his order.

4 The dolphin saved her father from the storm.

A 아래 그림에 알맞은 단어를 고르세요.

①

②

③

☐ storm   ☐ sink   ☐ save

☐ peace   ☐ throw   ☐ marry

B 주어진 단어의 알맞은 우리말 뜻을 찾아 연결하세요.

① follow •

② regret •

③ protect •

④ sorry •

• 보호하다

• (명령에) 따르다

• 안쓰러운, 안된

• 후회하다

C 우리말 해석에 맞도록 <보기>에서 알맞은 단어를 골라 빈칸에 쓰세요.

> 보기   symbol   protection   order

① 너는 그녀의 명령을 따라야 해.

→ You should follow her   .

② 코끼리는 태국의 상징이다.

→ Elephants are the   of Thailand.

③ 몇몇 야생동물들은 보호가 필요하다.

→ Some wild animals need   .

Unfairness

LITERATURE 01

미국의 노예제도로 아프리카에 살고 있던
흑인들은 노예로 팔려와 대부분 백인 농장주
밑에서 강제 노역을 했었습니다.

Mike and Milly's Bird

work (- worked)	동 일하다 명 노동, 일
owner	명 주인, 소유주
take care of (- took care of)	~을 돌보다
sell (- sold)	동 팔다
let (- let)	동 ~하게 하다, 허락하다 *let A B A가 B하게 하다
open (- opened)	동 1 (접힌 것을) 펴다, 펼치다 　　2 열다
north	부 북쪽으로 명 (the) 북쪽

SOCIETY 02

오랜 시간 열심히 일해도 그만큼의 공정한
돈을 받지 못하는 농부들이 있었어요. 그런
농부들을 위해 생겨난 사회 운동이 있답니다.

Money for Hard Work

sweet	형 달콤한
bitter	형 (맛이) 쓴
hard	형 하기 힘든, 힘겨운
fair	형 공정한
group	명 무리, 집단
life	명 삶, 생활
plan (- planned)	동 계획하다

WORLD 03

농부들이 공정한 대가를 받을 수 있도록
우리는 무엇을 해야 할까요?

Banana Farmers

special	형 특별한
make money (- made money)	돈을 벌다
explain (- explained)	동 설명하다
strange	형 이상한
raise (- raised)	동 들다, 들어 올리다
price	명 가격, 값
pay	명 보수, 급료

ENVIRONMENT 04

세계적으로 배출되는 쓰레기의 양은 늘고
있는 반면, 쓰레기 매립지는 줄고 있어요.
그럼 쓰레기는 어디로 갈까요?

Countries Full of Waste

waste	명 쓰레기, 폐기물
include (- included)	동 포함하다
burn (- burned)	동 (불에) 태우다, 타다 *get burned 태워지다
dangerous	형 위험한
unhealthy	형 건강에 해로운
collect (- collected)	동 모으다, 수집하다
choice	명 선택, 선택권

01 Mike and Milly's Bird

Mike and Milly **worked** on a farm. They worked long hours, and they wanted to be free like birds. One day, a big bird flew by. But the farm **owner**, Simon, found the bird and hurt it. When Milly got near the bird, Simon stopped her. That night, Mike and Milly went back to the bird. They hid the bird and **took care of** it.

One day, Milly heard Simon would **sell** Mike to another farm. Mike and Milly decided to run away. They tried to **let the bird go**, but the bird didn't move. Mike and Milly left the bird and started running because Simon was coming after them. Soon, the bird **opened** its wings and flew. The bird flew **north**, and they followed the bird. Mike and Milly never stopped. Finally, they were _____(A)_____.

●● **주요 단어와 표현**

farm 농장   free 자유로운   fly(- flew) 날다   hurt(- hurt) 다치게 하다   get(- got) 가다, 이동하다   near ~에서 가까이
stop(- stopped) 막다; 멈추다   hide(- hid) 숨기다   decide to(- decided to) ~하기로 결심하다   run away 도망치다
try to(- tried to) ~하려고 노력하다   leave(- left) 두고 가다   come after ~을 뒤쫓다   wing 날개   follow(- followed)
따라가다   never 절대 ~ 않다   finally 마침내

Check Up

1 이 글의 알맞은 제목을 고르세요.

중심
생각

① The Bird from the Farm　　② A Trip to Find the Big Bird

③ Becoming Free like a Bird　　④ How to Take Care of Birds

2 Mike와 Milly에 대해 글의 내용과 <u>틀린</u> 것을 고르세요.

세부
내용

① Simon의 농장에서 일했다.

② 다친 새를 숨기고 돌보았다.

③ Simon의 도움으로 농장을 탈출했다.

④ 새를 따라 북쪽으로 갔다.

3 글을 읽고 대답할 수 <u>없는</u> 질문을 고르세요.

세부
내용

① Who hurt the big bird?

② Why did Mike and Milly decide to run away?

③ What did Mike and Milly follow?

④ Why did the bird fly north?

4 글의 빈칸 (A)에 들어갈 말로 가장 알맞은 것을 고르세요.

빈칸
추론

① fast　　　　② free　　　　③ strong　　　　④ helpful

5 글에 등장하는 단어로 빈칸을 채워 보세요.

세부
내용

The bird _____ⓐ_____ its wings and started to fly north. Mike and Milly _____ⓑ_____ the bird and never stopped running.

ⓐ : _____　　　　　　　ⓑ : _____

Build Up 아래 등장인물을 설명하는 내용에 알맞게 연결하세요.

(A) found a big bird and hurt it.

(B) worked long hours on the farm.

1 Mike and Milly

(C) was the owner of a farm.

2 Simon

(D) hid the bird and took care of it.

(E) followed the bird to the north.

 Sum Up 빈칸에 알맞은 단어를 <보기>에서 찾아 쓰세요.

보기	stopped followed hid decided let

After Simon hurt a big bird, Mike and Milly **a** the bird and took care of it. One day, Mike and Milly **b** to run away. They tried to **c** the bird go, but it didn't move. They left the bird and started running. Soon, the bird flew north, and they **d** it. They never **e** running until they were free.

Look Up

A 아래 그림에 알맞은 단어를 고르세요.

 ❶

 ❷

 ❸

☐ wing
☐ farm

☐ fly
☐ follow

☐ run away
☐ take care of

B 주어진 단어의 알맞은 우리말 뜻을 찾아 연결하세요.

❶ work •

• ~에서 가까이

❷ free •

• 일하다; 노동

❸ near •

• 북쪽으로; 북쪽

❹ north •

• 자유로운

C 우리말 해석에 맞도록 <보기>에서 알맞은 단어를 골라 빈칸에 쓰세요.

> 보기   let   sells   owner

❶ Julia는 그 노란 자전거의 주인이다.

→ Julia is the _____ of the yellow bike.

❷ 그녀는 아들이 자신의 방을 청소하게 했다.

→ She _____ her son clean his room.

❸ 그 가게는 고기와 생선을 판다.

→ The store _____ meat and fish.

02 Money for Hard Work

Chocolate is very **sweet**. But there is a **bitter** side of chocolate, and we don't know it well. People use cacao beans to make chocolate. But getting the beans takes a lot of **hard** work. A long time ago, many slaves worked long hours, but they didn't get any money for their work. Still today, some farmers work and don't get **fair** money for their work.

In 1988, a **group** of people started "Fairtrade." Fairtrade is a *social movement to help farmers. Through Fairtrade, the farmers get _____(A)_____ money. With that money, the farmers can make their **lives** better. They can also **plan** for their futures.

*social movement 사회 운동

●● **주요 단어와 표현**

chocolate 초콜릿   side (상황의) 면, 측면   well 잘   bean 열매   take (시간, 노력 등을) 필요로 하다   a lot of 많은
slave 노예   hour 시간   still 여전히, 아직도   farmer 농부   through ~을 통해   better 더 좋은, 나은   future 미래

Check Up

1 이 글은 무엇에 대해 설명하는 내용인가요?

중심
생각

① 오늘날의 초콜릿 무역   ② 노예를 위한 Fairtrade

③ Fairtrade의 의미와 효과   ④ 공정한 법이 필요한 이유

2 글의 내용과 맞는 것에는 ○표, 틀린 것에는 ✕표 하세요.

세부
내용

(a) 카카오 열매는 쉽게 수확할 수 있다.   _____

(b) 예전에 노예들은 노동에 대한 돈을 받지 못했다.   _____

(c) 농부들이 Fairtrade를 먼저 시작했다.   _____

3 글을 읽고 대답할 수 있는 질문을 고르세요.

세부
내용

① 초콜릿은 카카오 열매로 어떻게 만들어지는가?

② 어느 나라의 농부들이 공정한 돈을 받지 못하는가?

③ Fairtrade 사회 운동은 언제 시작되었는가?

④ Fairtrade를 통해 농부들은 돈을 얼마나 받는가?

4 글의 빈칸 (A)에 들어갈 말로 가장 알맞은 것을 고르세요.

빈칸
추론

① sweet   ② fair   ③ hard   ④ a lot of

5 글의 내용을 바르게 이해한 사람을 고르세요.

내용
응용

① 은혜: 농부들을 위해 카카오 생산량을 줄여야 돼.

② 재호: 우리나라에서 재배된 농작물을 먹어야 해.

③ 지윤: 공정한 돈으로 농부들의 삶이 나아질 수 있어.

④ 은비: Fairtrade를 통해 농부들이 수확량을 늘릴 수 있어.

STEP 2 Build Up

주어진 질문에 알맞은 대답을 연결하세요.

Question | 질문

Answer | 대답

1 What is Fairtrade?

(A) Farmers can get fair money and make their lives better.

2 When did Fairtrade start?

(B) It is a social movement to help farmers.

3 Why is Fairtrade important for farmers?

(C) A group of people started it in 1988.

STEP 3 Sum Up

빈칸에 알맞은 단어를 <보기>에서 찾아 쓰세요.

보기   plan   money   group   worked   fair

A long time ago, many slaves **a**   long hours, but they didn't

get **b**   for their work. Still today, farmers in some countries

don't get **c**   money for their work. A **d**   of

people started "Fairtrade." Because of this, farmers can now get fair money for

their work and also **e**   for their futures.

Look Up

A 아래 그림에 알맞은 단어를 고르세요.

①

☐ sweet
☐ bitter

②

☐ future
☐ farmer

③

☐ hour
☐ group

B 주어진 단어의 알맞은 우리말 뜻을 찾아 연결하세요.

① take ·   · 공정한

② side ·   · 하기 힘든, 힘겨운

③ hard ·   · (상황의) 면, 측면

④ fair ·   · 필요로 하다

C 우리말 해석에 맞도록 <보기>에서 알맞은 단어를 골라 빈칸에 쓰세요.

| 보기 | plan   group   lives |

① 한 무리의 학생들이 버스에 올라탔다.

→ A _____ of students got on the bus.

② 우리가 삶이 더 좋아지도록 무엇을 할 수 있을까요?

→ What can we do to make our _____ better?

③ 우리는 여행을 위해 계획을 세워야 한다.

→ We need to _____ for our trip.

Banana Farmers

Today in class, we had a **special** guest, Kate. She had a game for us. "In ⓐ <u>this game</u>, you grow and sell bananas and **make money**," Kate **explained**.

I started with 100 dollars, but something **strange** happened. Instead of making money, I kept _____(A)_____ it! I **raised** my hand and said, "There's something wrong. I can't make any money."

Kate smiled. "Did anybody make money?" No one raised their hand. She said, "This is what is happening to many banana farmers. They don't have trucks, _____(B)_____ they can't take their bananas to the market. They sell the bananas at a very cheap **price** to any buyer."

She explained that through Fairtrade, farmers can get fair **pay** for their work. She said, "When you buy bananas, choose ones with a Fairtrade mark."

● ● **주요 단어와 표현**

guest 손님   grow 재배하다   dollar 달러   happen(- happened) 일어나다, 발생하다   instead of 대신에   keep (- kept) ~을 계속하다   truck 트럭   market 시장   cheap 값이 싼   buyer 구매자   choose 선택하다, 고르다   mark 마크, 표시

Check Up

정답과 해설 p.54

1 이 글의 중심 내용으로 가장 알맞은 것을 고르세요.

중심
생각

① 게임을 통해 경제 교육을 할 수 있다.

② 공정한 가격에 거래되는 농산물을 사야 한다.

③ 학교에서 진행되는 경제 교육은 학생들에게 필수이다.

④ 농부들의 수익을 위해 시장을 이용해야 한다.

2 Kate에 대해 글의 내용과 <u>틀린</u> 것을 고르세요.

세부
내용

① 글쓴이 'I'의 반을 방문한 손님이다.

② 학생들과 게임을 진행했다.

③ Fairtade에 대해 학생들에게 설명했다.

④ 신선한 바나나를 고르는 방법을 알고 있다.

3 글을 읽고, 밑줄 친 ⓐ this game에 대해 알 수 있는 것을 고르세요.

세부
내용

① 제작자   ② 규칙   ③ 목적   ④ 제작 날짜

4 글의 빈칸 (A)에 들어갈 말로 가장 알맞은 것을 고르세요.

빈칸
추론

① getting   ② losing   ③ winning   ④ buying

5 글의 빈칸 (B)에 들어갈 말로 가장 알맞은 것을 고르세요.

빈칸
추론

① so   ② but   ③ when   ④ because

Build Up

글을 읽고, 빈칸에 <보기>의 단어를 채워 바나나 농장의 문제, 해결책, 그리고 결과를 완성하세요.

보기	money mark pay choose

Problem 문제	Many banana farmers grow and sell bananas, but they don't make ⓐ _____.

↓

Solution 해결책	When you buy bananas, you should ⓑ _____ the ones with a Fairtrade ⓒ _____.

↓

Effect 결과	The farmers get fair ⓓ _____ for their work.

Sum Up

빈칸에 알맞은 단어를 <보기>에서 찾아 쓰세요.

보기	price market explained special make

Kate visited our class as a ⓐ _____ guest. She had a game for us. In the game, I couldn't ⓑ _____ any money. I only lost money. Then Kate ⓒ _____ about the banana farmers. Because they can't take their bananas to a ⓓ _____, they sell them at a very cheap ⓔ _____ to any buyer. So they can't make money.

Look Up

A 아래 그림에 알맞은 단어를 고르세요.

①

- ☐ cheap
- ☐ strange

②

- ☐ grow
- ☐ raise

③

- ☐ price
- ☐ guest

B 주어진 단어의 알맞은 우리말 뜻을 찾아 연결하세요.

① choose •   • 대신에

② special •   • 선택하다, 고르다

③ instead of •   • 특별한

④ make money •   • 돈을 벌다

C 우리말 해석에 맞도록 <보기>에서 알맞은 단어를 골라 빈칸에 쓰세요.

> 보기   strange   pay   explained

① 그는 그 게임의 규칙을 설명했다.

→ He _____ the rules of the game.

② 그의 일은 힘들지만, 보수가 좋다.

→ His work is hard, but the _____ is good.

③ 나는 지난밤에 이상한 꿈을 꾸었다.

→ I had a _____ dream last night.

Countries Full of Waste

There are different kinds of **waste**. Waste from our homes **includes** old food, paper, glass, containers, and other things. We make waste every day. We recycle things like paper and plastic containers. Other things usually **get burned** or go to landfills. But do we manage waste well?

Some countries send their waste to other countries. It's called waste trade. There are many landfills in those countries. Many people live near a landfill. They go into the landfill and look for things to sell. Living near a landfill is **dangerous** and **unhealthy**. People get sick from the waste. However, they keep **collecting** waste to make money _____(A)_____ that is their only **choice**.

●● **주요 단어와 표현**

full of ~로 가득 찬   kind 종류   container 그릇, 용기   recycle 재활용하다   plastic 플라스틱   usually 대개, 보통
landfill 쓰레기 매립지   manage 처리하다   send 보내다   is[are] called ~라고 불리다   trade 무역   sick 병에 걸린, 아픈
only 유일한

Check Up

정답과 해설 p.57

1 이 글은 무엇에 대해 설명하는 내용인가요?

중심
생각

① 다양한 종류의 쓰레기

② 쓰레기 처리 방식과 문제점

③ 효율적인 쓰레기 처리 방법

④ 쓰레기 재활용 과정

2 글의 내용과 맞는 것에는 O표, 틀린 것에는 X표 하세요.

세부
내용

(a) 우리는 쓰레기를 재활용하거나 태운다. _____

(b) 쓰레기 무역을 통해 다른 나라로 쓰레기를 보낸다. _____

(c) 어떤 사람들은 쓰레기 매립지에서 팔 것을 찾는다. _____

3 글의 빈칸 (A)에 들어갈 말로 가장 알맞은 것을 고르세요.

빈칸
추론

① so   ② then   ③ because   ④ but

4 글에 등장하는 단어로 빈칸을 채워 보세요.

세부
내용

In some countries, there are many landfills, and people live near them. But it's dangerous and _____ⓐ_____ because they get _____ⓑ_____ from the waste.

ⓐ : _____   ⓑ : _____

Build Up
STEP 2

글을 읽고, 빈칸에 <보기>의 단어를 채워 아래 표를 완성하세요.

보기   send   burned   recycle   manage

How do we **a** _____ waste?

We **b** _____ things like paper and plastic containers.

Some waste gets **c** _____ or goes to landfills.

Some countries **d** _____ their waste to other countries.

Sum Up
STEP 3

빈칸에 알맞은 단어를 <보기>에서 찾아 쓰세요.

보기   waste   landfills   trade   choice   collect

Some countries get waste from other countries through waste
a _____ . Those countries have many **b** _____ , and many
people live near them. They look for things to sell in the landfills. But this work
is dangerous and unhealthy. People get sick from the **c** _____ .
But they **d** _____ it to make money because that's their only
e _____ .

Look Up

A 아래 그림에 알맞은 단어를 고르세요.

①

☐ site
☐ waste

②

☐ burn
☐ collect

③

☐ choice
☐ trade

B 주어진 단어의 알맞은 우리말 뜻을 찾아 연결하세요.

① full of · · 위험한

② manage · · 그릇, 용기

③ container · · 처리하다

④ dangerous · · ~로 가득 찬

C 우리말 해석에 맞도록 <보기>에서 알맞은 단어를 골라 빈칸에 쓰세요.

> **보기**   includes   unhealthy   collects

① Grace는 특별한 책들을 수집한다.

→ Grace _____ special books.

② 패스트 푸드를 너무 많이 먹는 것은 건강에 해롭다.

→ Eating too much fast food is _____.

③ 객실의 가격에는 아침 식사가 포함된다.

→ The price of the room _____ breakfast.

MEMO

MEMO

MEMO

왓츠 What's Grammar

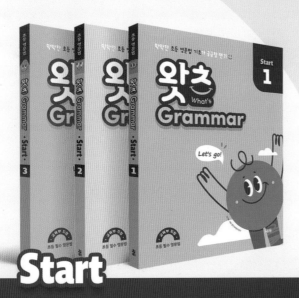

1 구문 · 판매 1위 '천일문' 콘텐츠를 활용하여 정확하고 다양한 구문 학습

(끊어읽기) (해석하기) (문장 구조 분석) (해설·해석 제공) (단어 스크램블링) (영작하기)

2 문법·서술형 · 쎄듀의 모든 문법 문항을 활용하여 내신까지 해결하는 정교한 문법 유형 제공

(객관식과 주관식의 결합) (문법 포인트별 학습) (보기를 활용한 집합 문항) (내신대비 서술형) (어법+서술형 문제)

3 어휘 · 초·중·고·공무원까지 방대한 어휘량을 제공하며 오프라인 TEST 인쇄도 가능

(영단어 카드 학습) (단어 ↔ 뜻 유형) (예문 활용 유형) (단어 매칭 게임)

4 선생님 보유 문항 이용

(Online Test) (OMR Test)

cafe.naver.com/cedulearnteacher

쎄듀런 학습 정보가 궁금하다면?

쎄듀런 Cafe

· 쎄듀런 사용법 안내 & 학습법 공유
· 공지 및 문의사항 QA
· 할인 쿠폰 증정 등 이벤트 진행

Words
100 A

Upgrade Your Reading Skills!

쎄듀

김기훈 | 쎄듀 영어교육연구센터

왓츠
리딩
What's Reading

WORKBOOK

쎄듀

왓츠

리딩
What's Reading

Words

100 A

· WORKBOOK ·

01 Crayola

A 주어진 의미에 맞는 단어를 <보기>에서 골라 빈칸을 채우세요.

보기   finally   cheap   invention   name   colorful   expensive   huge

[부사] 마침내, 드디어	James **❶**＿＿＿＿＿ arrived home. James는 마침내 집에 도착했다.
[형용사] 다채로운, 형형색색의	The garden was full of **❷**＿＿＿ flowers. 정원은 형형색색의 꽃들로 가득 차 있었다.
[형용사] 값싼, 저렴한	The computer was really **❸**＿＿＿＿＿. 그 컴퓨터는 아주 값이 쌌다.
[형용사] 값비싼, 비용이 많이 드는	My brother bought an **❹**＿＿＿ car. 우리 형은 값비싼 차를 샀다.
[동사] ~에게 이름을 짓다	Let's **❺**＿＿＿＿ the new puppy Speed! 새 강아지를 Speed라고 이름 짓자!
[명사] 발명품	His **❻**＿＿＿＿ changed the world. 그의 발명품은 세상을 바꾸었다.
[형용사] 엄청난, 거대한	On a stormy day, waves can be **❼**＿＿＿＿. 폭풍이 치는 날에는, 파도가 거대해질 수 있다.

B 아래 문장에서 주어에는 ○표, 동사에는 밑줄을 치세요.

> 보기 (Crayola) <u>became</u> a huge success!

❶ Everyone loved Edwin Binney's inventions.

❷ Edwin's wife named them Crayola.

❸ For colors, the team used rocks.

❹ With eight different colors, children could draw colorful pictures.

C 주어진 우리말과 뜻이 같도록 문장을 완성해 보세요.

❶ Edwin은 값싼 색크레용을 만들고 싶었다.

→ _____ .

(cheap / to make / Edwin / color crayons / wanted)

❷ 그 팀은 안전한 색크레용에 대해 연구했다.

→ _____ .

(about / did a study / safe / the team / color crayons)

❸ 하지만 Edwin의 팀은 결코 멈추지 않았다.

→ _____ .

(never / but / stopped / Edwin's team)

❹ 그들은 다양한 색의 크레용을 더 많이 만들었다.

→ _____ .

(made / in / more crayons / they / different colors)

02 A Box of Crayons

A 주어진 의미에 맞는 단어를 <보기>에서 골라 빈칸을 채우세요.

> 보기   center   jealous   shout   loud   hate   color   surround

형용사 질투하는	Luka was ❶ _____ of Julie's success. Luka는 Julie의 성공을 <u>질투했다</u>.
동사 ~에 색칠하다 명사 색, 색깔	Children like to draw and ❷ _____ . 아이들은 그림을 그리고 <u>색칠하는</u> 것을 좋아한다.
동사 소리치다	❸ _____ for help in emergencies. 응급상황에서는 <u>소리쳐</u> 도움을 요청해라.
명사 중심	The ❹ _____ of the cookie was soft. 그 쿠키의 <u>중심</u>은 부드러웠다.
동사 싫어하다	I ❺ _____ cheesecake, but my sister likes it. 나는 치즈케이크를 <u>싫어하지만</u>, 내 언니는 그것을 좋아한다.
동사 둘러싸다, 에워싸다	Tall trees ❻ _____ the lake. 큰 나무들은 그 호수를 <u>둘러싼다</u>.
형용사 시끄러운, 소리가 큰	Mark has a very ❼ _____ voice. Mark는 매우 <u>큰</u> 목소리를 가지고 있다.

B 아래 문장에서 주어에는 O표, 동사에는 밑줄을 치세요.

> 보기 (Mike) <u>had</u> a box of crayons.

❶ Mike also added the sun in the sky.

❷ One day, Mike heard the crayons fighting.

❸ On a big white piece of paper, he first drew a gray road.

❹ Yellow was the center, and Orange surrounded it.

C 주어진 우리말과 뜻이 같도록 문장을 완성해 보세요.

❶ 그것은 다른 색들이 Red를 질투하도록 만들었다.

→ _____.

(jealous of / made / Red / it / the other colors)

❷ 그들은 "내가 태양의 진짜 색이야!"라고 소리쳤다.

→ They shouted, "_____!"

(am / I / the Sun / the true color / of)

❸ 그는 상자에서 모든 크레용을 꺼냈다.

→ _____.

(all the crayons / the box / he / out of / took)

❹ 검정색 자동차들과 파란색 버스들이 있었다.

→ _____.

(blue buses / there / black cars / were / and)

03 How Do You Feel?

A 주어진 의미에 맞는 단어를 <보기>에서 골라 빈칸을 채우세요.

> 보기   attention   brightness   link   cause   imagine
>   image   emotion

명사 1. 선명함 2. 밝음, 빛남	Photographers can control the ❶ _____ of the color. 사진사들은 색의 <u>선명함</u>을 조정할 수 있다.
명사 주의, 관심	The students paid ❷ _____ to the teacher. 학생들은 선생님의 말에 <u>주의</u>를 기울였다.
명사 관련성, 관련	There is a ❸ _____ between the sun and skin cancer. 태양과 피부암 사이에는 <u>관련성</u>이 있다.
명사 이미지	He has a bad public ❹ _____ . 그는 좋지 않은 대중적 <u>이미지</u>를 갖고 있다.
동사 상상하다	Can you ❺ _____ the world after 100 years? 당신은 100년 후의 세상을 <u>상상할</u> 수 있나요?
동사 ~을 일으키다, ~의 원인이 되다	Raw food can ❻ _____ food poisoning. 날음식은 식중독을 <u>일으킬</u> 수 있다.
명사 감정	Lily's voice shook with ❼ _____ . Lily의 목소리는 <u>감정</u>에 겨워 떨렸다.

B 아래 문장에서 주어에는 ○표, 동사에는 밑줄을 치세요.

> 보기 (This) <u>causes</u> different emotions.

❶ Those colors are usually calming.

❷ They can also make us feel hungry or relaxed.

❸ Green, blue, and purple are cool colors.

❹ Those colors often give feelings of happiness and energy.

C 주어진 우리말과 뜻이 같도록 문장을 완성해 보세요.

❶ 색과 감정 사이에는 관련성이 있다.

  → _____ .

  (colors / a link / between / is / there / and emotions)

❷ 따뜻한 색은 또한 주의를 끌 수 있다.

  → _____ .

  (grab / warm colors / can also / attention)

❸ 차가운 색은 또한 슬픔을 나타낼 수 있다.

  → _____ .

  (show / cool colors / can also / sadness)

❹ 사람들은 'blue'를 사용한다 / 그들이 슬프다는 것을 말하기 위해.

  → People use "blue" / _____ .

  (sad / that / to say / are / they)

04 The Colorful World

A 주어진 의미에 맞는 단어를 <보기>에서 골라 빈칸을 채우세요.

보기	paint shine agree alone appear decide miss

동사 1. 그리워하다 2. 놓치다	I ❶ my grandmother's cookies. 나는 할머니의 쿠키가 <u>그립다</u>.
동사 나타나다	Bats ❷ here near the cave. 동굴 근처인 여기에 박쥐들이 <u>나타난다</u>.
동사 (그림물감으로) 그리다	Jinny will ❸ a flower on the wall. Jinny는 벽에 꽃을 <u>그릴</u> 것이다.
형용사 홀로, 혼자	Kevin was ❹ in the house. Kevin은 집 안에 <u>홀로</u> 있었다.
동사 동의하다	I don't ❺ with you at all. 나는 너의 말에 전혀 <u>동의하지</u> 않아.
동사 결정하다, 결심하다	When did you ❻ to sell the car? 너는 언제 그 차를 팔기로 <u>결정했니</u>?
동사 빛나다	I want to see her eyes ❼ with joy. 나는 그녀의 눈이 즐거움으로 <u>빛나는</u> 것을 보고 싶어.

B 아래 문장에서 주어에는 ○표, 동사에는 밑줄을 치세요.

> 보기 (The Clouds) <u>were</u> alone in the sky.

❶ People couldn't see rainbows.

❷ The Sun and the Clouds noticed the rainbows.

❸ They painted rainbows and put them on display.

❹ Then the rain stopped, and the Sun shined brightly.

C 주어진 우리말과 뜻이 같도록 문장을 완성해 보세요.

❶ 어느 날, 그들은 싸웠다 // 그리고 Sun이 떠나버렸다.

→ One day, _____ , // _____ .

(left / a fight / and / they / had / the Sun)

❷ 세상은 그것의 색을 잃고 흐려졌다.

→ _____ .

(gray / its colors / the world / and became / lost)

❸ 그들은 집에 머물러야 했다 / 비 때문에.

→ _____ / because of the rain.

(they / stay / had to / home)

❹ 그들은 Sun을 다시 데려오기를 원했다.

→ _____ .

(the Sun / to bring back / they / wanted)

01 Friends on the Other Side

A 주어진 의미에 맞는 단어를 <보기>에서 골라 빈칸을 채우세요.

보기	building	amazing	flow	whole	along
	climb up	in common	planet		

공통적으로 가지다, 지니다	What do bears and pandas have ❶ ? 곰과 판다가 공통적으로 지니는 것은 무엇인가?
전치사 ~을 따라서	She walked slowly ❷ the street. 그녀는 길을 따라서 천천히 걸었다.
명사 1. 행성 2. 지구	Venus is the second ❸ from the Sun. 금성은 태양으로부터 두 번째 행성이다.
명사 건물	The ❹ has 63 floors. 그 건물은 63개의 층이 있다.
동사 흐르다	Water began to ❺ quickly. 물이 빨리 흐르기 시작했다.
~ (위)에 오르다	He will ❻ the roof and paint it. 그는 지붕 위에 올라가서 그것을 페인트칠 할 것이다.
형용사 놀라운, 굉장한	Her ❼ success surprised everyone. 그녀의 놀라운 성공이 모두를 놀라게 했다.
형용사 모든, 전체의	We ate the ❽ pizza in an hour. 우리는 한 시간 만에 피자 전체를 다 먹었다.

B 아래 문장에서 주어에는 ○표, 동사에는 밑줄을 치세요.

> 보기   (My name) <u>is</u> Peter.

❶ I have a tree house!

❷ After all, we live on the same planet.

❸ But a river flows through it.

❹ No, but we have farm animals like cows and pigs.

C 주어진 우리말과 뜻이 같도록 문장을 완성해 보세요.

❶ 너는 지구 반대쪽에 있구나.

→ _____.

(on the other side / are / you / of the planet)

❷ 우리 마을에는 많은 건물들이 없어.

→ _____.

(many buildings / not / there / in my village / are)

❸ 우리 가족 모두가 그것들을 함께 돌봐.

→ _____.

(takes care of / my whole family / together / them)

❹ 하지만 우리는 몇 가지 공통점을 갖고 있구나.

→ _____.

(in common / have / but / some things / we)

02 Table Manners

A 주어진 의미에 맞는 단어를 <보기>에서 골라 빈칸을 채우세요.

보기	noise	careful	rule	follow	rude
	means	in a hurry	take your time		

형용사 무례한, 예의 없는	Don't be ❶ _____ to others. 다른 사람들에게 <u>무례하지</u> 마라.
형용사 조심하는, 　　　주의 깊은	He is very ❷ _____ with his work. 그는 자신의 일에 매우 <u>주의 깊다</u>.
동사 의미하다	It ❸ _____ that you are doing a good job. 그것은 네가 일을 잘하고 있다는 것을 <u>의미한다</u>.
동사 1. (충고, 지시를) 따르다 2. 따라가다, 따라오다	Did you ❹ _____ my mother's recipe? 너는 내 어머니의 조리법을 <u>따랐니</u>?
명사 규칙, 원칙	She broke a ❺ _____ last night. 그녀는 어젯밤에 <u>규칙</u>을 어겼다.
명사 소리, 소음	The broken machine made a loud ❻ _____. 그 고장난 기계는 큰 <u>소음</u>을 내었다.
천천히 하다, 시간을 들이다	We have a lot of time. ❼ _____. 우리는 시간이 많아요. <u>천천히 하세요</u>.
바쁜	Harry was ❽ _____ this morning. He didn't have time for breakfast. Harry는 오늘 아침에 <u>바빴다</u>. 그는 아침 식사를 할 시간이 없었다.

B 아래 문장에서 주어에는 ○표, 동사에는 밑줄을 치세요.

> 보기   In other countries, (it) <u>is</u> okay.

❶ Try to follow the basic rules.

❷ Burping is rude in most countries, but not in China.

❸ French people like to take their time.

❹ But you should be careful with chopsticks there.

C 주어진 우리말과 뜻이 같도록 문장을 완성해 보세요.

❶ 당신은 아무 소리도 내면 안된다 // 당신이 씹을 때.

→ _____ // when you chew.

(shouldn't / you / any noise / make)

❷ 네가 중국에서 누군가 트림하는 것을 듣는다면, // 놀라지 마라.

→ _____ // don't be surprised.

(in China / you / someone / hear / when / burp)

❸ 트림하는 것은 음식이 맛있었다는 것을 의미한다.

→ _____ .

(delicious / that / means / the food / was / burping)

❹ 이런 식사 예절들은 다를지도 모른다 / 당신 문화의 것과.

→ _____ / from your culture's.

(different / be / these table manners / may)

03 Different Shapes of Us

A 주어진 의미에 맞는 단어를 <보기>에서 골라 빈칸을 채우세요.

보기	flat give up carry sides hope roll push

[동사] 밀다	**①** _____ the door harder, and it will open. 문을 더 세게 밀어, 그러면 열릴 거야.
포기하다	I will not **②** _____ my dream. 나는 내 꿈을 포기하지 않을 것이다.
[동사] 들고 가다, 나르다, 운반하다	The men didn't **③** _____ the boxes to the top. 그 남자들은 꼭대기까지 박스를 나르지 않았다.
[명사] 희망, 기대	Don't lose **④** _____ in any situation. 어떤 상황에서도 희망을 잃지 마.
[동사] 구르다, 굴러가다	The ball will **⑤** _____ down the hill. 그 공은 언덕 아래로 굴러갈 거야.
[명사] 면, 쪽, 측면	Spread butter on both **⑥** _____ of the bread. 빵 양쪽 면에 버터를 바르세요.
[형용사] 평평한	The earth is not **⑦** _____. It's round. 지구는 평평하지 않다. 그것은 둥글다.

B 아래 문장에서 주어에는 ○표, 동사에는 밑줄을 치세요.

> 보기 (Bob) moved slowly.

❶ Many rocks lived on a hill.

❷ But poor Bob had to sit quietly.

❸ Bob tried, but he couldn't.

❹ He found some mud and put it on the flat side of Bob.

C 주어진 우리말과 뜻이 같도록 문장을 완성해 보세요.

❶ 바위들은 놀고 언덕 아래로 구르는 것을 아주 좋아했다.

→ _____ .

(down the hill / loved / to play / and roll / rocks)

❷ 그는 구를 수 없었다 // 그의 한쪽 면이 평평했기 때문에.

→ He couldn't roll // _____ .

(flat / was / one side / because / of him)

❸ 그들은 Bob을 언덕 꼭대기로 들고 갔다.

→ _____ .

(carried / the top / Bob / to / of the hill / they)

❹ 항상 희망이 있어 // 네가 포기하지 않으면.

→ _____ // _____ .

(when / always hope / don't give up / you / there is)

04 Jim Crow Laws

A 주어진 의미에 맞는 단어를 <보기>에서 골라 빈칸을 채우세요.

> **보기**　law　vote　keep away　serve　unfair　begin　character

동사 시작하다, 시작되다	The concert will **❶** _____ at 7:00 p.m. 콘서트는 오후 일곱 시에 <u>시작할</u> 것이다.
동사 투표하다	Today is election day. Did you **❷** _____ ? 오늘은 선거일이다. 너는 <u>투표했니</u>?
명사 법	This new **❸** _____ will protect animals. 이 새로운 <u>법</u>은 동물들을 보호할 것이다.
명사 등장인물	My favorite **❹** _____ is the princess in this story. 이 이야기에서 내가 가장 좋아하는 <u>등장인물</u>은 공주다.
가까이 가지 않다, 멀리 하다	**❺** _____ from the edge of the cliff. 절벽의 가장자리에 <u>가까이 가지 마</u>.
동사 (식당 등에서 음식을) 제공하다	**❻** _____ the food fast to the customers. 손님들에게 음식을 빨리 <u>제공해라</u>.
형용사 불공평한, 부당한	Some rules seem **❼** _____ to the kids. 몇몇 규칙들은 아이들에게 <u>불공평해</u> 보인다.

B 아래 문장에서 주어에는 ○표, 동사에는 밑줄을 치세요.

> 보기 ((Jim Crow laws)) <u>were</u> unfair laws for people of color.

❶ "Jim Crow" was an African American character in a song.

❷ For example, some restaurants served only white people.

❸ Most Jim Crow laws began in the late 1800s and early 1900s.

❹ About 6 million African Americans moved to the North and the West.

C 주어진 우리말과 뜻이 같도록 문장을 완성해 보세요.

❶ 그 법은 그들을 백인들에게 가까이 가지 못하게 했다.

→ _____ .

(white people / the laws / from / kept them away)

❷ 이것은 의미했다 // 유색 인종은 그것들을 이용할 수 없다는 것을.

→ This meant // _____ .

(people of color / could not / them / use)

❸ 많은 아프리카계 미국인들은 투표할 수 없었다.

→ _____ .

(African Americans / vote / couldn't / many)

❹ 1960년대에 Jim Crow 법은 불법이 되었다.

→ _____ .

(illegal / in the 1960s / Jim Crow laws / became)

01 Fuels around Us

A 주어진 의미에 맞는 단어를 <보기>에서 골라 빈칸을 채우세요.

| 보기 | deep | through | million | engine |
| | need | far away | interesting | |

전치사 ~을 통해	Water passes ❶ _____ that pipe. 물은 저 파이프를 통해 지나간다.
형용사 백만의	The drawing costs a ❷ _____ dollars. 그 그림의 값은 백만 달러이다.
형용사 흥미로운	That's an ❸ _____ question. 그것은 흥미로운 질문이다.
멀리 떨어진	Olive swam ❹ _____ from the beach. Olive는 해변에서 멀리 떨어진 곳으로 헤엄쳤다.
형용사 (아래로) 깊은, 깊숙이 들어간	I can't swim any farther. The water is too ❺ _____ . 나는 더 멀리 수영할 수 없다. 물이 너무 깊다.
명사 엔진, 동력	My car's ❻ _____ keeps stopping. 내 차의 엔진은 계속 멈춘다.
동사 필요하다	I ❼ _____ some glue. Do you have any? 나는 풀이 조금 필요하다. 너는 조금이라도 있니?

B 아래 문장에서 주어에는 ○표, 동사에는 밑줄을 치세요.

> 보기 (We)<u>need</u> more and more oil every year.

❶ Humans started using coal 2,000 years ago.

❷ Coal, oil, and natural gas are fossil fuels.

❸ A gas pipe under the sea can be about 1,200 km long.

❹ About 40 percent of the world's electricity comes from coal.

C 주어진 우리말과 뜻이 같도록 문장을 완성해 보세요.

❶ 여기 몇몇 흥미로운 숫자들이 있다 / 화석 연료에 관한.

→ _____ / about fossil fuels.

(interesting / numbers / here / are / some)

❷ 우리는 석탄을 얼마나 많이 사용하는가?

→ _____ ?

(how much / we / do / use / coal)

❸ 사람들은 대나무로 파이프를 만들었다 / 천연가스를 찾기 위해.

→ _____ / to find natural gas.

(made / from bamboo / people / pipes)

❹ 우리는 여전히 파이프를 통해 천연가스를 얻는다.

→ _____ .

(we / natural gas / still get / through pipes)

02 The Warm Arctic

A 주어진 의미에 맞는 단어를 <보기>에서 골라 빈칸을 채우세요.

| 보기 | ride   heat   warm up   change   cub   run   melt |

따뜻해지다	The weather will ❶ _____ soon. 날씨가 곧 따뜻해질 거야.
동사 운영하다, 경영하다	He is learning how to ❷ _____ a hotel. 그는 어떻게 호텔을 운영하는지에 대해 배우고 있다.
명사 (배 등에) 타기, 탐 동사 타다	It's a 30-minute bus ❸ _____ from here. 여기서 버스를 타고 30분 걸려.
명사 (곰·여우 등의) 새끼	The lion is protecting its ❹ _____. 사자가 자신의 새끼를 보호하고 있다.
동사 뜨겁게 하다 명사 열, 열기	You have to ❺ _____ the oil first. 먼저 기름을 뜨겁게 해야 한다.
동사 녹다, 녹이다	The snow was starting to ❻ _____. 눈이 녹기 시작하고 있었다.
동사 변하다, 바뀌다	The traffic light will ❼ _____ from red to green in 5 seconds. 신호등은 빨간불에서 초록불로 5초 안에 바뀔 것이다.

B 아래 문장에서 주어에는 ○표, 동사에는 밑줄을 치세요.

> 보기 (The ice) <u>melted</u> too fast.

❶ One day, I was on a boat ride with Dad.

❷ But recently, something started to change.

❸ Some things never change in the Arctic.

❹ The ice under the cubs broke off and carried them away.

C 주어진 우리말과 뜻이 같도록 문장을 완성해 보세요.

❶ 여름에, / 북극에서는 절대 해가 지지 않는다.

→ In the summer, / _____ .

(never / the sun / sets / in / the Arctic)

❷ 그 얼음은 왜 너무 빨리 녹았는가?

→ _____ ?

(did / too fast / the ice / why / melt)

❸ 그 가스는 지구 주변에 텐트를 만든다.

→ _____ .

(a tent / the earth / forms / that gas / around)

❹ 그것은 북극이 더 따뜻해지도록 만든다 / 매년.

→ _____ / every year.

(makes / it / more / the Arctic / warm up)

03 Footprints in the Air

A 주어진 의미에 맞는 단어를 <보기>에서 골라 빈칸을 채우세요.

보기	for example　　in use　　instead of　　problem almost　　stair　　put

[명사] 문제	How can we solve the ❶ ? 우리가 어떻게 그 <u>문제</u>를 풀 수 있을까?
사용 중인	The chairs are not ❷ right now. 그 의자들은 지금 <u>사용 중이</u>지 않다.
[동사] 넣다, 두다, 놓다	She ❸ air into the tire. 그녀는 타이어에 공기를 <u>넣었다</u>.
[명사] 계단	The bottom ❹ is broken. 맨 마지막 <u>계단</u>은 부서져 있다.
[전치사] ~ 대신에	❺ the bus, take the subway. 버스 <u>대신에</u>, 지하철을 타세요.
예를 들어	I like sweet snacks, ❻ , chocolate. 나는 달콤한 간식들, <u>예를 들어</u>, 초콜릿을 좋아한다.
[부사] 거의	Judy ❼ fell to the ground. Judy는 <u>거의</u> 바닥으로 넘어질 뻔했다.

B 아래 문장에서 주어에는 ○표, 동사에는 밑줄을 치세요.

> 보기 (The electricity) <u>comes</u> from burning fossil fuels.

❶ Everyone makes a carbon footprint.

❷ The best way is to lower our carbon footprints.

❸ For example, turn off computers or televisions.

❹ Lowering your carbon footprint is easy.

C 주어진 우리말과 뜻이 같도록 문장을 완성해 보세요.

❶ 우리는 지구 온난화에 대해 무언가를 할 수 있다.

→ _____.

  (about / something / can / global warming / do / we)

❷ 우리가 에너지를 사용할 때, // 우리는 공기 중에 탄소를 넣는다.

→ When we use energy, // _____.

  (carbon / the air / into / we / put)

❸ 예를 들어, 우리는 모든 것에 전기를 사용한다.

→ For example, _____.

  (we / everything / for / use / electricity)

❹ 걷거나 자전거를 타는 것은 어떤가?

→ _____?

  (walking / how about / riding / a bike / or)

CHAPTER 3

04 New Journey!

A 주어진 의미에 맞는 단어를 <보기>에서 골라 빈칸을 채우세요.

> **보기** drive   any longer   pick up   store   soft   shape   together

명사 가게	Will you buy some salt from the ❶ _____ ? 가게에서 약간의 소금을 사오겠니?
더 이상	I don't need the book ❷ _____ . 나는 더 이상 그 책이 필요가 없다.
부사 함께	Will and Fred grew up ❸ _____ . Will과 Fred는 함께 자랐다.
명사 모양	The pool was rectangular in ❹ _____ . 그 수영장은 모양이 직사각형이었다.
동사 운전하다, (차가) 가다	I know how to ❺ _____ a truck. 나는 트럭을 운전하는 법을 안다.
(차에) 태우다	❻ _____ your sister from school. 네 여동생을 학교에서 태워라.
형용사 부드러운	The dog's fur was ❼ _____ and shiny. 그 개의 털은 부드럽고 윤기가 흘렀다.

B 아래 문장에서 주어에는 ○표, 동사에는 밑줄을 치세요.

> 보기   Then (he) took me to a park.

❶ The sunlight was warm.

❷ My journey started in a store.

❸ I melted and then became long and soft noodles.

❹ A machine put us all together and made us into a big block.

C 주어진 우리말과 뜻이 같도록 문장을 완성해 보세요.

❶ 갑자기 한 남자아이가 들어와 나를 샀다.

→ Suddenly, _____.

(me / bought / came in / a boy / and)

❷ 몇 주 후, 나는 다른 장소에 있었다.

→ A few weeks later, _____.

(I / at / was / a different place)

❸ 나는 씻겨지고 가열되었다.

→ _____.

(I / heated up / washed / and / got)

❹ 나는 새로운 것이 될 준비가 되었다.

→ _____.

(something new / I / was ready / to become)

01 Life in the Rainforests

A 주어진 의미에 맞는 단어를 <보기>에서 골라 빈칸을 채우세요.

보기	enemy	stay	easily	insect
	cool off	scream	easy	famous

[형용사] 유명한	James is a ❶ writer. James는 <u>유명한</u> 작가이다.
식다, 시원해지다	We went swimming to ❷ . 우리는 <u>시원해지기</u> 위해 수영하러 갔다.
[동사] 머물다, 계속 있다	I want to ❸ in bed all day. 나는 하루 종일 침대에 <u>머무르고</u> 싶다.
[부사] 쉽게	They reached the top of the hill ❹ . 그들은 <u>쉽게</u> 언덕 꼭대기에 이르렀다.
[명사] 적, 경쟁 상대	The soldier shot at the ❺ . 그 군인은 <u>적</u>에게 총을 쐈다.
[명사] 곤충	The birds were fighting over an ❻ . 새들이 <u>곤충</u> 한 마리를 두고 싸우고 있었다.
[형용사] 쉬운	The novel was ❼ to read. 그 소설은 읽기 <u>쉬웠다</u>.
[동사] 소리치다, 비명을 지르다	Try not to ❽ . <u>소리치지</u> 않으려고 노력해 봐.

B 아래 문장에서 주어에는 ○표, 동사에는 밑줄을 치세요.

> 보기 (Others) hide from the heat in water.

❶ They scream in the morning and at night.

❷ But you cannot see them easily.

❸ Some like to stay close to the sky.

❹ Rainforests are home to many animals, plants, and insects.

C 주어진 우리말과 뜻이 같도록 문장을 완성해 보세요.

❶ howler monkey는 그들의 큰 울부짖는 소리로 유명하다.

→ Howler monkeys _____ .

(famous for / their / are / loud howls)

❷ 당신은 그들이 소리치는 것을 들을 수 있다 / 5km 떨어진 곳에서도!

→ _____ / from 5 km away!

(them / you / hear / can / scream)

❸ tapir는 또한 찾기 힘들다 / 낮 동안에.

→ _____ / during the day.

(to find / hard / tapirs / are also)

❹ 그들은 물속과 물 아래에서 머무는 것을 좋아한다.

→ _____ .

(like / to stay / they / in and under water)

02 Liam's Insect Report

A 주어진 의미에 맞는 단어를 <보기>에서 골라 빈칸을 채우세요.

| 보기 | attack harmful fresh cut off usually slow down lay |

[부사] 보통, 대개	I ❶ _____ exercise twice a week. 나는 <u>보통</u> 일주일에 두 번 운동한다.
[명사] 공격 [동사] 공격하다	The ❷ _____ from the enemy failed. 적의 <u>공격</u>은 실패했다.
[형용사] 해로운	Too much sugar is ❸ _____ to our bodies. 너무 많은 설탕은 신체에 <u>해롭다</u>.
[형용사] 신선한	The tomato in the sandwich was ❹ _____ . 샌드위치 안에 있었던 토마토는 <u>신선했다</u>.
[동사] (알을) 낳다	The hen will ❺ _____ an egg soon. 그 암탉은 곧 알을 <u>낳을</u> 것이다.
~을 잘라내다	He ❻ _____ the thread with scissors. 그는 가위로 실을 <u>잘라냈다</u>.
(속도, 진행을) 늦추다	You must ❼ _____ in school zones. 어린이 보호 구역에서는 속도를 <u>늦춰야</u> 한다.

B 아래 문장에서 주어에는 ○표, 동사에는 밑줄을 치세요.

> 보기 (They) eat the leaves of trees.

❶ The females lay eggs from July to late fall.

❷ Some species can be more than 30cm long.

❸ They also get water from fresh leaves.

❹ They can change their color to hide from their enemies.

C 주어진 우리말과 뜻이 같도록 문장을 완성해 보세요.

❶ 그것들은 보통 초록색이나 갈색이다 / 색이.

→ _____ / in color.

(brown / green / they / or / usually / are)

❷ 그것들은 날개가 없다, // 그래서 그것들은 날 수 없다.

→ _____, // _____.

(they / wings / cannot / don't have / so / fly / they)

❸ 그것들의 알은 식물의 씨앗처럼 보인다.

→ _____.

(like plant seeds / look / their eggs)

❹ 대벌레들은 그들의 다리를 자르고 달아난다.

→ _____.

(cut off / their own legs / and / Walkingsticks / run away)

A 주어진 의미에 맞는 단어를 <보기>에서 골라 빈칸을 채우세요.

| 보기 | difficult arrive way ocean swallow various large |

[동사] 도착하다	She will ❶ _____ in Seoul at noon. 그녀는 정오에 서울에 도착할 것이다.
[형용사] 다양한, 여러 가지의	The bags come in ❷ _____ colors. 그 가방은 다양한 색깔로 나온다.
[형용사] 어려운	His handwriting was ❸ _____ to read. 그의 손글씨는 읽기 어려웠다.
[명사] 바다, 대양	Many mysterious animals live in the deep ❹ _____. 많은 신비로운 동물들이 깊은 바다 속에 산다.
[동사] (음식을) 삼키다	Nate can't ❺ _____ pills. Nate는 알약을 잘 삼키지 못한다.
[명사] 방법	What's the best ❻ _____ to learn English? 영어를 공부하는 가장 좋은 방법은 무엇이니?
[형용사] 큰	A whale is a ❼ _____ ocean animal. 고래는 큰 해양 동물이다.

B 아래 문장에서 주어에는 ○표, 동사에는 밑줄을 치세요.

> 보기 (The pole) has a blue light at the end.

1 An anglerfish has a fishing pole on its head.

2 Light cannot go deep into the ocean.

3 Fish under the deep sea have their own ways to survive.

4 They can actually swallow fish bigger than themselves.

C 주어진 우리말과 뜻이 같도록 문장을 완성해 보세요.

1 당신은 그곳 아래에 있는 어떤 것도 볼 수 없다.

→ _____.

(you / down / can't see / there / anything)

2 먹이는 심해에서 찾기 어렵다.

→ _____.

(to find / under the deep sea / food / difficult / is)

3 그들은 그 빛을 사용한다 / 서로 의사소통하기 위해.

→ _____ / _____.

(with / the light / use / to communicate / they / each other)

4 그 물고기들은 그들의 입을 활짝 벌릴 수 있다.

→ _____.

(can open / wide / their mouths / the fish)

04 A River Dolphin

A 주어진 의미에 맞는 단어를 <보기>에서 골라 빈칸을 채우세요.

> 보기   protect   sorry   symbol   order   sink   regret   protection

형용사 안쓰러운, 안된	She lied to me, but I feel ❶ for her. 그녀는 나에게 거짓말했지만, 나는 그녀가 <u>안쓰럽다</u>.
명사 보호	The child is under police ❷ . 그 아이는 경찰의 <u>보호</u>를 받고 있다.
명사 명령, 지시	The owner gave an ❸ to his dog. 주인은 자신의 개에게 <u>지시</u>를 내렸다.
명사 상징	A red rose is a ❹ of love. 빨간 장미는 사랑의 <u>상징</u>이다.
동사 가라앉다, 침몰하다	The paper boat started to ❺ slowly. 그 종이배는 서서히 <u>침몰하기</u> 시작했다.
동사 보호하다	❻ your skin by using sunscreen. 선크림을 사용해서 네 피부를 <u>보호하라</u>.
동사 후회하다	I ❼ staying up late last night. 나는 어젯밤에 늦게 잔 것을 <u>후회한다</u>.

B　아래 문장에서 주어에는 ○표, 동사에는 밑줄을 치세요.

> 보기　But the princess said no.

❶ But the dolphin saved her father.

❷ She lived with her father, the king, near the Yangtze river.

❸ The goddess created a storm, and the king's boat sank in the storm.

❹ The goddess felt sorry for her and changed her into a dolphin.

C　주어진 우리말과 뜻이 같도록 문장을 완성해 보세요.

❶ 그 공주는 왕의 명령을 따르지 않았다.

→ _____.

(follow / the king's order / didn't / the princess)

❷ 그는 그녀를 강에 던졌다.

→ _____.

(her / he / into the river / threw)

❸ 왕은 강에 있는 돌고래들을 보호하기 시작했다.

→ _____.

(dolphins / started / in the river / to protect / the king)

❹ 돌고래는 보호의 상징이 되었다.

→ _____.

(the symbol / dolphins / of / became / protection)

01 Mike and Milly's Bird

A 주어진 의미에 맞는 단어를 <보기>에서 골라 빈칸을 채우세요.

| 보기 | let open works take care of sell north owner |

동사 팔다	They had to ❶ their house. 그들은 그들의 집을 <u>팔아</u>야만 했다.
~을 돌보다	Zookeepers ❷ many animals. 사육사들은 많은 동물들을 <u>돌본다</u>.
동사 ~하게 하다, 허락하다	He ❸ the kids play in the pool. 그는 아이들이 수영장에서 <u>놀게 했다</u>.
부사 북쪽으로 명사 (the) 북쪽	Some birds fly ❹ in summer. 어떤 새들은 여름에 <u>북쪽으로</u> 날아간다.
동사 1. (접힌 것을) 펴다, 펼치다 2. 열다	Will you ❺ the map on the desk? 책상 위에 있는 지도를 <u>펼치</u>겠어요?
동사 일하다 명사 노동, 일	My dad ❻ at a bank. 나의 아빠는 은행에서 <u>일하신다</u>.
명사 주인, 소유주	The cafe ❼ gave us free cookies. 그 카페 <u>주인</u>은 우리에게 무료 쿠키를 주었다.

B 아래 문장에서 주어에는 ○표, 동사에는 밑줄을 치세요.

> 보기   (Mike and Milly) <u>worked</u> on a farm.

❶ Finally, they were free.

❷ Mike and Milly decided to run away.

❸ Mike and Milly never stopped.

❹ The bird flew north, and they followed the bird.

C 주어진 우리말과 뜻이 같도록 문장을 완성해 보세요.

❶ Mike와 Milly는 새들처럼 자유로워지고 싶었다.

→ _____.

(wanted / to be free / Mike and Milly / like birds)

❷ 그들은 그 새를 숨겼다 / 그리고 그것을 돌보았다.

→ _____ / _____.

(it / took care of / hid / and / the bird / they)

❸ 그들은 그 새를 두고 갔다 / 그리고 뛰기 시작했다.

→ _____ / _____.

(left / started / they / and / running / the bird)

❹ 머지않아, 그 새는 그것의 날개를 펴고 날았다.

→ Soon, _____.

(and / the bird / opened / flew / its wings)

02 Money for Hard Work

A 주어진 의미에 맞는 단어를 <보기>에서 골라 빈칸을 채우세요.

| 보기 | bitter | hard | life | fair | sweet | plan | group |

형용사 하기 힘든, 힘겨운	Housework is ❶ and takes a lot of time. 집안일은 하기 힘들고 많은 시간이 걸린다.
형용사 공정한	I did all the work. Mike did nothing. It's not ❷ . 내가 모든 일을 했다. Mike는 아무것도 하지 않았다. 그것은 공정하지 않다.
명사 삶, 생활	Ben enjoys the simple ❸ in the countryside. Ben은 시골에서의 간소한 생활을 즐긴다.
명사 무리, 집단	A ❹ of kids are playing soccer. 한 무리의 아이들이 축구를 하고 있다.
형용사 달콤한	This drink is too ❺ for me. 이 음료는 나에게는 너무 달다.
동사 계획하다	Did you ❻ your vacation? 너는 휴가 계획을 세웠니?
형용사 (맛이) 쓴	That black tea tastes ❼ . 그 홍차는 맛이 쓰다.

B 아래 문장에서 주어에는 ○표, 동사에는 밑줄을 치세요.

> 보기   (Chocolate) <u>is</u> very sweet.

❶ Fairtrade is a social movement to help farmers.

❷ They can also plan for their futures.

❸ In 1988, a group of people started "Fairtrade."

❹ Some farmers work and don't get fair money for their work.

C 주어진 우리말과 뜻이 같도록 문장을 완성해 보세요.

❶ 초콜릿의 쓴 면이 있다.

→ _____ .

(is / chocolate / a bitter side / there / of)

❷ 그 열매를 얻는 것은 많은 힘든 노동이 필요하다.

→ _____ .

(the beans / getting / takes / hard / a lot of / work)

❸ 많은 노예들은 그들의 노동에 대해 아무 돈도 받지 못했다.

→ _____ .

(their work / any money / for / many slaves / didn't get)

❹ 농부들은 자신의 삶을 더 좋게 만들 수 있다.

→ _____ .

(can make / the farmers / their lives / better)

A 주어진 의미에 맞는 단어를 <보기>에서 골라 빈칸을 채우세요.

보기 make money   raise   pay   special   strange   price   explain

형용사 특별한	The pizza store uses ❶ sauce and toppings. 그 피자 가게는 <u>특별한</u> 소스와 토핑을 사용한다.
돈을 벌다	I plan to ❷ by selling lemonade. 나는 레모네이드를 팔아 <u>돈을 벌</u> 계획이다.
동사 설명하다	She will ❸ the rules of the game. 그녀가 그 게임의 규칙들을 <u>설명할</u> 것이다.
명사 가격, 값	The ❹ of the ticket was too high. 그 표의 <u>가격</u>은 너무 비쌌다.
동사 들다, 들어 올리다	❺ your glass, please. 유리잔을 <u>들어 올려</u> 주세요.
명사 보수, 급료	Sam worked for Joe without ❻ . Sam은 Joe를 위해 <u>보수</u> 없이 일했다.
형용사 이상한	I just heard something ❼ . Did you hear it too? 나 방금 <u>이상한</u> 소리를 들었어. 너도 들었니?

B 아래 문장에서 주어에는 ○표, 동사에는 밑줄을 치세요.

> 보기 No one raised their hand.

❶ I can't make any money.

❷ They sell the bananas at a very cheap price to any buyer.

❸ Today in class, we had a special guest, Kate.

❹ Through Fairtrade, farmers can get fair pay for their work.

C 주어진 우리말과 뜻이 같도록 문장을 완성해 보세요.

❶ 여러분은 바나나를 재배하고 판매해서 돈을 법니다.

→ _____ .

(and make money / you / and sell / grow / bananas)

❷ 돈을 버는 대신에, / 나는 그것을 계속 잃었다!

→ _____ , / _____ !

(instead of / it / making money / I / kept losing)

❸ 그들은 바나나를 시장에 가져갈 수 없다.

→ _____ .

(to the market / can't take / they / their bananas)

❹ 여러분이 바나나를 구매할 때, // 그 마크가 있는 것을 고르세요.

→ When you buy bananas, // _____ .

(ones / the mark / choose / with)

A 주어진 의미에 맞는 단어를 <보기>에서 골라 빈칸을 채우세요.

보기	burn	collect	waste	choice	unhealthy
		include	dangerous		

명사 쓰레기, 폐기물	You should put the ❶ in the bin. 당신은 <u>쓰레기</u>를 쓰레기통에 버려야 한다.
형용사 위험한	Traveling alone can be fun but ❷ . 혼자 여행가는 것은 재미있을 수도 있지만 <u>위험할</u> 수도 있다.
동사 모으다, 수집하다	Why do you ❸ stickers? 너는 왜 스티커를 <u>수집하니</u>?
동사 포함하다	The price doesn't ❹ tax. 그 가격은 세금을 <u>포함하지</u> 않는다.
동사 (불에) 태우다, 타다	Be careful not to ❺ the meat. 고기를 <u>태우지</u> 않도록 조심해라.
명사 선택, 선택권	I don't have any other ❻ . 나는 다른 <u>선택권</u>이 하나도 없다.
형용사 건강에 해로운	Too much sugar is ❼ for you. 너무 많은 설탕은 네 <u>건강에 해롭다</u>.

B 아래 문장에서 주어에는 O표, 동사에는 밑줄을 치세요.

> 보기 (We) <u>make</u> waste every day.

❶ We recycle things like paper and plastic containers.

❷ Many people live near a landfill.

❸ People get sick from the waste.

❹ Waste from our homes includes old food, paper, and other things.

C 주어진 우리말과 뜻이 같도록 문장을 완성해 보세요.

❶ 하지만 우리는 쓰레기를 잘 처리하는가?

→ _____ ?

(manage / do / well / but / we / waste)

❷ 몇몇 나라들은 그들의 쓰레기를 다른 나라로 보낸다.

→ _____ .

(their waste / other countries / send / some countries / to)

❸ 쓰레기 매립지 근처에 사는 것은 위험하다.

→ _____ .

(near / dangerous / a landfill / living / is)

❹ 그들은 돈을 벌기 위해 계속 쓰레기를 모은다.

→ _____ .

(waste / they / to make money / collecting / keep)

MEMO

MEMO

왓츠리딩

What's Reading

**한눈에 보는
왓츠 Reading 시리즈**

70 A|B | **80** A|B

90 A|B | **100** A|B

1 체계적인 학습을 위한 시리즈 및 난이도 구성
2 재미있는 픽션과 유익한 논픽션 50:50 구성
3 이해력과 응용력을 향상시키는 다양한 활동 수록
4 지문마다 제공되는 추가 어휘 학습
5 워크북과 부가자료로 완벽한 복습 가능
6 학습에 편리한 차별화된 모바일 음원 재생 서비스
 → 지문, 어휘 MP3 파일 제공

단계	단어 수 (Words)	Lexile 지수
70 A	60 ~ 80	200-400L
70 B	60 ~ 80	
80 A	70 ~ 90	300-500L
80 B	70 ~ 90	
90 A	80 ~ 110	400-600L
90 B	80 ~ 110	
100 A	90 ~ 120	500-700L
100 B	90 ~ 120	

* Lexile(렉사일) 지수는 미국 교육 연구 기관 MetaMetrics에서 개발한 독서능력 평가지수로, 미국에서 가장 공신력 있는 지수로 활용되고 있습니다.

부가자료 다운로드
www.cedubook.com

Oh! My
PHONICS & SPEAKING & GRAMMAR

◆ Oh! My 시리즈는 본문 전체가 영어로 구성된 ELT 도서입니다.　　◆ 세이펜이 적용된 도서로, 홈스쿨링 학습이 가능합니다.

My Oh! Phonics
오! 마이 파닉스

❶ 첫 영어 시작을 위한
유·초등 파닉스 학습서 (레벨 1~4)

❷ 기초 알파벳부터
단/장/이중모음/이중자음 완성

❸ 초코언니 무료 유튜브 강의 제공

Flashcards

Oh! My SPEAKING
오! 마이 스피킹

❶ 말하기 중심으로 어휘,
문법까지 학습 가능 (레벨 1~6)

❷ 주요 어휘와 문장 구조가
반복되는 학습

❸ 초코언니 무료 유튜브 강의 제공

Flashcards

New
My Oh! Grammar
오! 마이 그래머

❶ 첫 문법 시작을 위한
초등 저학년 기초 문법서 (레벨 1~3)

❷ 흥미로운 주제와 상황을 통해
자연스러운 문법 규칙 학습

❸ 초코언니 무료 우리말 음성 강의 제공

파닉스 규칙을 배우고 **스피킹과 문법 학습으로** 이어가는 **유초등 영어의 첫 걸음!**

쎄듀 오! 마이 시리즈로 영어 자신감 UP↑ 탄탄한 초등 영어 습관을 만들어보세요!

LISTENING Q

중학영어듣기 모의고사 시리즈

❶ 최신 기출을 분석한 유형별 공략

· 최근 출제되는 모든 유형별 문제 풀이 방법 제시
· 오답 함정과 정답 근거를 통해 문제 분석
· 꼭 알아두야 할 주요 어휘와 표현 정리

❷ 실전모의고사로 문제 풀이 감각 익히기

실전 모의고사 20회로 듣기 기본기를 다지고,
고난도 모의고사 4회로 최종 실력 점검까지!

❸ 매 회 제공되는 받아쓰기 훈련 (딕테이션)

· 문제풀이에 중요한 단서가 되는
  핵심 어휘와 표현을 받아 적으면서 듣기 훈련!
· 듣기 발음 중 헷갈리는 발음에 대한 '리스닝 팁' 제공
· 교육부에서 지정한 '의사소통 기능 표현' 정리

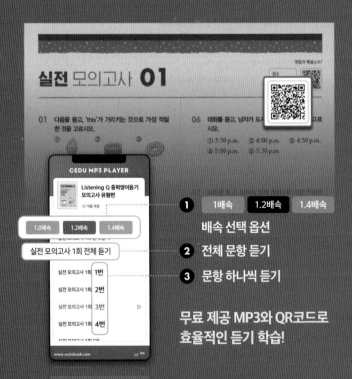

❶ 1배속 1.2배속 1.4배속
배속 선택 옵션

❷ 전체 문항 듣기

❸ 문항 하나씩 듣기

무료 제공 MP3와 QR코드로
효율적인 듣기 학습!

쎄듀

EGU

THE EASIEST GRAMMAR&USAGE

EGU 시리즈 소개

EGU
서술형 기초 세우기

영단어&품사

서술형·문법의 기초가 되는
영단어와 품사 결합 학습

문장 형식

기본 동사 32개를 활용한
문장 형식별 학습

동사 써먹기

기본 동사 24개를 활용한
확장식 문장 쓰기 연습

EGU
서술형·문법 다지기

문법 써먹기

개정 교육 과정
중1 서술형·문법 완성

구문 써먹기

개정 교육 과정
중2, 중3 서술형·문법 완성

Upgrade Your Reading Skills!

Words
100 A

김기훈 | 쎄듀 영어교육연구센터

왓츠
리딩
What's Reading

정답과 해설

쎄듀

왓츠 리딩
What's Reading

Words
100 A

• 정답과 해설 •

01 Crayola
pp.14 ~ 17

p. 15 **Check Up**	1 ③	2 ③	3 ③	4 ④	5 ⓐ: crayons ⓑ: success
p. 16 **Build Up**	1 (B)	2 (C)	3 (A)		
p. 16 **Sum Up**	ⓐ expensive	ⓑ cheap	ⓒ used	ⓓ created	ⓔ named
p. 17 **Look Up**	A 1 expensive	2 colorful	3 study		
	B 1 success - 성공	2 top-secret - 일급 비밀의			
	3 test - 실험	4 different - 다양한; 다른			
	C 1 invention	2 named	3 finally		

Check Up

1 Edwin과 그의 팀이 만들어 낸 안전하고 값싼 다채로운 크레용에 관한 이야기이므로 정답은 ③이다.
① 암석으로 그림 그리기　　　　② Edwin의 가족 비밀
③ Edwin의 다채로운 발명품　　④ 부드러운 분필의 성공

2 Edwin의 아내가 Edwin과 그의 팀이 만든 크레용의 이름을 Crayola라고 지었다고(Edwin's wife named them Crayola.) 했으므로 글이 내용과 틀린 것은 ③이다.

3 Edwin의 팀은 크레용의 색을 내기 위해 암석을 사용했다고(For colors, the team used rocks.) 했으므로 정답은 ③이다.
① 분필　② 목탄　③ 암석　④ 파라핀 납

4 빈칸 (A) 앞에서는 검은 밀랍 크레용이 아이들에게 안전하지 않았다는 내용이 나오며, 뒤에서는 안전하지 않았던 이유가 나온다. 빈칸 (B) 앞에서는 Edwin의 팀이 파라핀 납을 사용했으며, 빈칸 뒤에서는 그것을 사용한 이유가 나온다. 따라서 빈칸 (A)와 (B)에는 이유를 나타내는 접속사 because(왜냐하면)가 알맞다.
① 그래서　② ~ 후에　③ ~할 때　④ 왜냐하면

5
> Edwin은 일급 비밀 팀을 만들었다. 많은 실험 후에 그 팀은 마침내 안전한 ⓐ 색크레용을 만들어 냈다. 그것들은 엄청난 ⓑ 성공을 거두었다.

Build Up

❶ Edwin은 안전하고 값싼 색크레용을 만들고 싶었다.

❷ 많은 실험 후에, Edwin의 팀은 안전하고 값싼 크레용을 만들어 냈다.

❸ Edwin과 그의 팀은 다채로운 꽃들의 색을 연구했다.

(B) 그는 일급 비밀 팀을 만들었다.

(C) 그의 크레용은 엄청난 성공을 거두었다.

(A) 그들은 다양한 색의 크레용을 더 많이 만들었다.

Sum Up

한때, 크레용은 ⓐ 값비싸고 아이들에게 위험했다. Edwin은 안전하고 ⓑ 값싼 색크레용을 만들고 싶었다. 그래서, 그의 일급 비밀 팀은 파라핀 납을 ⓒ 사용해서 색크레용을 ⓓ 만들어 냈다. Edwin의 아내는 그 크레용을 Crayola라고 ⓔ 이름 지었다. Crayola는 엄청난 성공을 거두었다!

🌾 끊어서 읽기

모두가 Edwin Binney의 발명품들을 무척 좋아했다: / 부드러운 분필과 검은 밀랍 크레용.
¹Everyone loved Edwin Binney's inventions: / soft chalk and black wax crayons.

하지만, / 그의 크레용은 아이들에게 안전하지 않았다 // 그것들은 목탄으로 만들어졌기
²However, / his crayons were not safe for children // because they were made

때문에. 또한, / 그것들은 매우 값비쌌다. Edwin은 만들고 싶었다 / 안전하고
from charcoal. ³Also, / they were very expensive. ⁴Edwin wanted to make / safe

값싼 색크레용을.
and cheap color crayons.

Edwin은 일급 비밀 팀을 만들었다. 그 팀은 연구했다 / 안전한 색크레용에 대해.
⁵Edwin made a top-secret team. ⁶The team did a study / about safe color crayons.

그들은 파라핀 납을 사용했다 // 그것이 더 안전했기 때문에 / 목탄보다. 색을 위해, /
⁷They used paraffin wax // because it was safer / than charcoal. ⁸For colors, / the

그 팀은 암석을 사용했다. 많은 실험 후에, / Edwin의 팀은 마침내 만들어 냈다 / 안전하고
team used rocks. ⁹After many tests, / Edwin's team finally created / safe and

값싼 색크레용을. Edwin의 아내는 이름 지었다 / 그것을 Crayola라고.
cheap color crayons. ¹⁰Edwin's wife named / them Crayola.

Crayola는 엄청난 성공을 거두었다! 여덟 가지의 다양한 색으로, / 아이들은 그릴 수 있었다
¹¹Crayola became a huge success! ¹²With eight different colors, / children could

/   다채로운 그림을.   하지만 Edwin의 Crayola 팀은 결코 멈추지 않았다.   매일,   /

draw / colorful pictures. [13]But Edwin's Crayola team never stopped. [14]Every day, /

    Edwin과 그의 팀은 연구했다   /   다채로운 꽃들의 색을.   그들은 더 많은 크레용을

Edwin and his team studied / the colors of colorful flowers. [15]They made more

  만들었다 /   다양한 색의.

crayons / in different colors.

🌿 우리말 해석

Crayola(크레욜라)

[1]모두가 Edwin Binney의 발명품인 부드러운 분필과 검은 밀랍 크레용을 무척 좋아했습니다. [2]하지만 그의 크레용은 목탄으로 만들어졌기 때문에 아이들에게 안전하지 않았어요. [3]또한, 그것들은 매우 값비쌌습니다. [4]Edwin은 안전하고 값싼 색크레용을 만들고 싶었어요.

[5]Edwin은 일급 비밀 팀을 만들었습니다. [6]그 팀은 안전한 색크레용에 대해 연구했어요. [7]그들은 파라핀 납이 목탄보다 더 안전했기 때문에 그것을 사용했습니다. [8]색을 (내기) 위해, 그 팀은 암석을 사용했어요. [9]많은 실험 후에, Edwin의 팀은 마침내 안전하고 값싼 색크레용을 만들어 냈습니다. [10]Edwin의 아내는 그것을 Crayola라고 이름 지었죠.

[11]Crayola는 엄청난 성공을 거두었어요! [12]여덟 가지의 다양한 색들로, 아이들은 다채로운 그림을 그릴 수 있었어요. [13]하지만 Edwin의 Crayola 팀은 결코 멈추지 않았습니다. [14]매일 Edwin과 그의 팀은 다채로운 꽃들의 색을 연구했어요. [15]그들은 다양한 색의 크레용을 더 많이 만들었답니다.

🌿 주요 문장 분석하기

[2]However, his crayons were not safe for children **because** they *were made from* charcoal.

→ because는 이유를 나타내는 문장을 연결하는 접속사이다.

→ 「are[were] made from+명사」는 '~로 만들어지다[만들어졌다]'라는 의미이다.

[6]The team did *a study* [about safe color crayons].
　　　　　　　주어　　동사　　　　　목적어

→ about safe color crayons는 a study를 뒤에서 꾸며준다.

[10]Edwin's wife **named** them Crayola.
　　주어　　　　동사　　목적어　목적격 보어

→ 「name[named]+목적어+명사」는 '~을 …라고 이름 짓다[지었다]'의 의미이다. Crayola는 목적어 them을 보충 설명한다.

[12]**With** eight different colors, children *could* draw colorful pictures.
　　　　　　　　　　　　　　　　주어　　　동사　　　목적어

→ With는 '~을 이용하여'라는 의미의 전치사이다.

→ 「could+동사원형」은 '~할 수 있었다'라는 의미이며, 조동사 could는 can의 과거형이다.

¹⁵They made *more crayons* [in different colors].
　　주어　동사　　　　　목적어

→ in different colors는 more crayons를 뒤에서 꾸며준다.

02　A Box of Crayons　　　　　pp.18 ~ 21

p. 19 **Check Up**	1 ④　　2 (a)○ (b)✕ (c)○　　3 ④　　4 ①　　5 ②
p. 20 **Build Up**	ⓐ jealous of　ⓑ hated　ⓒ colored　ⓓ center　ⓔ stopped
p. 20 **Sum Up**	3 → 4 → 1 → 2
p. 21 **Look Up**	**A** 1 loud　　　　　　2 center　　　　　3 shout **B** 1 fight - 싸우다　　　2 surround - 둘러싸다 　　3 get along - 사이좋게 지내다　4 color - ~에 색칠하다; 색 **C** 1 shouted　　　　　2 hate　　　　　　3 jealous

Check Up

1 Mike의 크레용들이 처음에는 사이가 안 좋았지만 Mike가 그림에 모든 크레용의 색을 사용하여 하나의 작품을 완성한 후에 크레용 모두가 행복해졌다는 내용이므로 가장 알맞은 제목은 ④이다.

① Mike가 가장 좋아하는 색　　　② 태양의 진짜 색
③ Red와 다른 크레용들의 싸움　　④ 행복한 크레용과 함께한 완벽한 그림

2 (a) 크레용들이 사이좋게 지내지 않아 상자 안은 항상 시끄러웠다고(It was always loud in the box.) 했으므로 글의 내용과 맞다.
(b) Yellow와 Orange가 서로를 싫어했다고(Also, Yellow and Orange hated each other.) 했으므로 글의 내용과 틀리다.
(c) Mike의 그림이 완성되었을 때, 모두가 행복했다고(When the picture was done, all the crayons were happy.) 했으므로 글의 내용과 맞다.

3 Mike가 크레용들이 싸우는 것을 들었을 때, 모든 크레용을 상자에서 꺼내서 그림을 그리기 시작했다고 했으므로 정답은 ④이다.

4 Mike는 건물을 그리기 위해 Red를 사용했으며, 새로 그린 그림에 빨간 소방차는 없었으므로 정답은 ①이다.

5 Mike가 태양을 그렸을 때, Yellow와 Orange 둘 다 사용했으며, Yellow는 중심이었고, Orange는 그 중심을 둘러쌌다고(Yellow was the center, and Orange surrounded it.) 했으므로 정답은 ②이다.

Build Up

문제	Mike의 크레용들은 Red를 ⓐ 질투했다. 또한, Yellow와 Orange는 서로를 ⓑ 싫어했다.

해결책	• Mike는 회색, 검정색, 파란색, 빨간색, 초록색, 그리고 분홍색을 가지고 그림을 그렸다. • 그는 또한 Yellow와 Orange로 태양을 ⓒ 색칠했다. Yellow는 ⓓ 중심이었고, Orange는 그것을 둘러쌌다.

결과	모든 크레용들은 싸우기를 ⓔ 멈추었다. 그들은 행복했다.

Sum Up

❸ Mike의 크레용은 사이좋게 지내지 않았다. 그들은 항상 서로 싸웠다. → ❹ 어느 날, Mike는 크레용들이 싸우고 있는 것을 들었다. →

❶ Mike는 상자에서 모든 크레용들을 꺼내어 그것들로 그림을 그렸다. → ❷ 그림이 완성되었을 때, 모든 크레용들은 행복했다.

🌿 끊어서 읽기

Mike는 가지고 있었다 / 한 상자의 크레용을. 그 크레용들은 사이좋게 지내지 않았다.   항상 시끄러웠다   /
¹Mike had / a box of crayons. ²The crayons didn't get along. ³It was always loud /

    상자 안은.   Mike는 항상 Red를 사용했다 /   소방차와 산타클로스를 색칠하기 위해.   그것은   ⁵It
in the box. ⁴Mike always used Red / to color fire trucks and Santa Claus. ⁵It

만들었다 /   다른 색들이   / Red를 질투하도록.   또한, Yellow와 Orange는 싫어했다   / 서로를.
made / the other colors / jealous of Red. ⁶Also, Yellow and Orange hated / each

        그들은 둘 다 소리쳤다.   //   "내가 진짜 색이야   /   태양의!"
other. ⁷They both shouted, // "I am the true color / of the sun!"

    어느 날,   / Mike는 들었다 /   크레용들이 싸우는 것을.   그는 모든 크레용을 꺼냈다   /
⁸One day, / Mike heard / the crayons fighting. ⁹He took all the crayons / out of

상자 밖으로.   커다란 흰 종이 한 장 위에,   / 그는 먼저 그렸다 / 회색 도로를.   그 도로 위에,
the box. ¹⁰On a big white piece of paper, / he first drew / a gray road. ¹¹On that

      /   검정색 자동차들과 파란색 버스들이 있었다.   도로를 따라,   / 그는 건물들을 그렸다
road, / there were black cars and blue buses. ¹²Along the road, / he drew

      /   Red, Green, 그리고 Pink로.   Mike는 또한 태양을 추가했다   /   하늘에.
buildings / with Red, Green, and Pink. ¹³Mike also added the sun / in the sky.

Yellow가 중심이었다   //   그리고 Orange가 그것을 둘러쌌다.   그림이 완성되었을 때,
¹⁴Yellow was the center, // and Orange surrounded it. ¹⁵When the picture was

//   모든 크레용들은 행복했다.
done, // all the crayons were happy.

🌿 우리말 해석

크레용 한 상자

¹Mike는 크레용 한 상자를 가지고 있었어요. ²그 크레용들은 사이좋게 지내지 않았어요. ³상자 안은 항상 시끄러웠지요. ⁴Mike는 소방차와 산타클로스를 색칠하기 위해 항상 Red를 사용했어요. ⁵그것은 다른 색들이 Red를 질투하도록 만들었지요. ⁶또한, Yellow와 Orange는 서로를 싫어했어요. ⁷그들은 둘 다 "내가 태양의 진짜 색이야!"라고 소리쳤어요. ⁸어느 날, Mike는 크레용들이 싸우고 있는 것을 들었어요. ⁹그는 상자에서 모든 크레용을 꺼냈답니다. ¹⁰그는 커다란 흰 종이 위에 먼저 회색 도로를 그렸어요. ¹¹그 도로 위에는 검정색 자동차들과 파란색 버스들이 있었지요. ¹²도로를 따라 그는 Red, Green, 그리고 Pink로 건물들을 그렸어요. ¹³Mike는 하늘에 태양도 추가로 그렸습니다. ¹⁴Yellow가 중심이었고 Orange가 그것을 둘러쌌지요. ¹⁵그림이 완성되었을 때, 모든 크레용들은 행복했답니다.

🌿 주요 문장 분석하기

⁴Mike always used Red **to color** fire trucks and Santa Claus.
　주어　　　　동사　목적어

➜ to color는 '색칠하기 위해서'라고 해석하며, 목적을 나타낸다.

⁵It **made** the other colors *jealous of Red*.
주어 동사　　　목적어　　　　　보어

➜ 「make[made]+목적어+형용사」는 '~을 …하게 만들다[만들었다]'라는 의미이다.

➜ jealous of Red는 목적어 the other colors를 보충 설명한다.

⁸One day, Mike **heard** the crayons *fighting*.
　　　　　주어　동사　　목적어　　보어

➜ 「hear[heard]+목적어+동사원형+-ing」는 '~가 …하는 것을 듣다[들었다]'라는 의미이다.

➜ fighting은 목적어 the crayons를 보충 설명한다.

¹⁵**When** the picture was done, *all the crayons* were happy.
　　　　　주어´　동사´　　　　主어　　　동사

➜ When은 '~할 때'라는 의미로, 시간을 나타내는 접속사이다.

➜ 「all+복수명사」는 '모든 ~'이라는 의미이며, 복수명사에 맞춰 동사 were가 쓰였다.

p. 23 **Check Up**	1 ② 2 ④ 3 ③ 4 ② 5 ⓐ: link ⓑ: images
p. 24 **Build Up**	ⓐ Warm ⓑ energy ⓒ attention ⓓ purple ⓔ show
p. 24 **Sum Up**	ⓐ emotions ⓑ images ⓒ happy ⓓ warning ⓔ calming
p. 25 **Look Up**	A 1 sign 2 feelings 3 imagine B 1 image - 이미지 2 link - 관련성 3 attention - 주의 4 brightness - 선명함; 밝음 C 1 imagine 2 emotions 3 caused

Check Up

1 색과 감정 사이의 관련성을 따뜻한 색과 차가운 색을 예시로 들며 설명하는 내용이므로 정답은 ②이다.

2 차가운 색은 보통 마음을 진정시킨다고(Green, blue, and purple ~ are usually calming.) 하였으며, 활기찬 느낌을 주는 것은 따뜻한 색이라고(Those colors often give feelings of happiness and energy.) 했으므로 정답은 ④이다.

3 따뜻한 색은 주의를 끈다고(However, they can also grab attention.) 했으며, 이어서 예시로 멈춤 표지판과 경고 신호가 등장했으므로 정답은 ③이다.
① 사람들을 진정시키기 위해서   ② 활기를 주기 위해서
③ 주의를 끌기 위해서   ④ 행복을 나타내기 위해서

4 바로 뒤의 문장에서 사람들이 슬프다고 말할 때 'blue'라는 단어를 사용한다고(People use the word "blue" to say that they are sad.) 했으므로 빈칸에 들어갈 말로 sadness(슬픔)가 알맞다.
① 행복 ② 슬픔 ③ 선명함 ④ 경고

5 색과 감정 사이에는 ⓐ 관련성이 있기 때문에, 색은 우리에게 다른 ⓑ 이미지와 감정을 준다.

Build Up

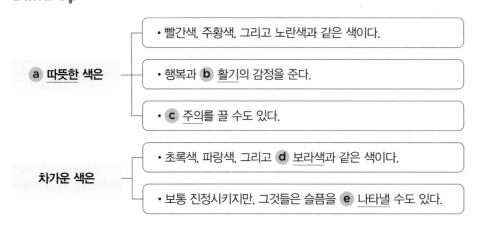

ⓐ **따뜻한 색은**
- 빨간색, 주황색, 그리고 노란색과 같은 색이다.
- 행복과 ⓑ 활기의 감정을 준다.
- ⓒ 주의를 끌 수도 있다.

차가운 색은
- 초록색, 파랑색, 그리고 ⓓ 보라색과 같은 색이다.
- 보통 진정시키지만, 그것들은 슬픔을 ⓔ 나타낼 수도 있다.

Sum Up

색과 ⓐ 감정 사이에는 관련성이 있다. 색은 우리에게 다른 ⓑ 이미지와 감정을 준다. 예를 들어, 빨간색, 주황색, 그리고 노란색과 같은 따뜻한 색은 우리를 ⓒ 행복하게 느끼도록 해준다. 그 색들이 주의를 끌기 때문에 우리는 ⓓ 경고 신호에서도 그 색들을 찾을 수 있다. 초록색과 파란색과 같은 차가운 색은 보통 ⓔ 진정시키지만 그것들은 슬픔을 나타낼 수도 있다.

🌿 끊어서 읽기

관련성이 있다 / 색과 감정 사이에는. 색은 만들 수 있다 / 우리가 행복하거나
¹There is a link / between colors and emotions. ²Colors can make / us feel happy

슬프게 느끼도록. 그것들은 또한 만들 수 있다 / 우리가 배고프거나 편안함을 느끼도록. 색의 선명함,
or sad. ³They can also make / us feel hungry or relaxed. ⁴When a color's

음영, 또는 색조가 다를 때, // 이것은 다른 감정들을 일으킨다.
brightness, shade, or tone is different, // this causes different emotions. ⁵For

예를 들어, / 따뜻한 색과 차가운 색은 / 우리에게 준다 / 다른 이미지와 감정을.
example, / warm colors and cool colors / give us / different images and feelings.

빨간색, 주황색, 그리고 노란색은 따뜻한 색이다. 이 색들은 흔히 준다 /
⁶Red, orange, and yellow are warm colors. ⁷Those colors often give / feelings of

행복과 활기의 감정을. 하지만, / 그것들은 또한 주의를 끌 수 있다. ~을 생각해보라 /
happiness and energy. ⁸However, / they can also grab attention. ⁹Think of / stop

멈춤 표지판과 경고 신호를.
signs and warning signs.

초록, 파랑색, 그리고 보라색은 차가운 색이다. 상상해보라 / 숲이나 심해를.
¹⁰Green, blue, and purple are cool colors. ¹¹Imagine / a forest or deep sea.

그 색들은 보통 (마음을) 진정시킨다. 하지만 그것들은 또한 슬픔을 나타낼 수 있다. 사람들은
¹²Those colors are usually calming. ¹³But they can also show sadness. ¹⁴People

'blue'라는 단어를 사용한다 / 말하기 위해 // 그들이 슬프다는 것을.
use the word "blue" / to say // that they are sad.

🌿 우리말 해석

기분이 어떤가요?

¹색과 감정 사이에는 관련성이 있습니다. ²색은 우리가 행복하거나 슬프게 느끼도록 만들 수 있습니다. ³그것들은 또한 우리가 배고픔이나 편안함을 느끼도록 만들 수도 있어요. ⁴색의 선명함, 음영, 색조가 다를 때, 이는 다른 감정을 일으키지요. ⁵예를 들어, 따뜻한 색과 차가운 색은 우리에게 다른 이미지와 감정을 줍니다.

⁶빨강색, 주황색, 노랑색은 따뜻한 색입니다. ⁷이 색들은 보통 행복과 활기의 감정을 주지요. ⁸하지만 그것들은 주의를 끌 수도 있어요. ⁹멈춤 표지판과 경고 신호[위험 신호]를 생각해보세요.

¹⁰초록색, 파랑색, 보라색은 차가운 색입니다. ¹¹숲이나 심해를 상상해보세요. ¹²그 색들은 보통 (마음을) 진정시킵니다. ¹³하지만 그것들은 슬픔을 나타낼 수도 있어요. ¹⁴사람들은 그들이 슬프다고 말하기 위해 'blue'라는 단어를 사용한답니다.

🌱 주요 문장 분석하기

¹**There is** a link *between* colors *and* emotions.

→ 「There is+단수명사」는 '~가 있다'라는 의미를 나타낸다.

→ between A and B는 'A와 B 사이에'라는 의미이다.

⁵For example, warm colors and cool colors **give** us different images and feelings.
       주어   동사 간접목적어   직접목적어

→ 「give+간접목적어+직접목적어」의 형태로 '~에게 …을[를] 주다'라는 의미를 나타낸다. 간접목적어는 '~에게', 직접목적어는 '…을[를]'로 해석한다.

¹⁴People use the word "blue" **to say (that)** they are sad.
     주어 동사 목적어   주어' 동사' 보어'

→ to say는 '말하기 위해'라고 해석하며, 목적을 나타낸다.

→ 동사 say는 「(that)+주어+동사」의 형태인 목적어를 가질 수 있으며, that 이하는 '~하다는 것'으로 해석한다. 이때 that은 생략할 수 있다.

04 **The Colorful World**				pp.26 ~ 29
p. 27 **Check Up**	1 ④	2 (a) ○ (b) × (c) ×	3 ③	4 ③
	5 ⓐ: colorful ⓑ: painted			
p. 28 **Build Up**	1 (C)	2 (B)	3 (A)	
p. 28 **Sum Up**	ⓐ fight ⓑ became ⓒ rainbow ⓓ noticed ⓔ appeared			
p. 29 **Look Up**	A 1 alone	2 shine		3 put on display
	B 1 notice - 알아차리다	2 paint - (그림물감으로) 그리다		
	3 brightly - 밝게	4 agree - 동의하다		
	C 1 missed	2 appeared		3 decided

Check Up

1 Sun과 Clouds가 싸운 후에 세상이 흐렸다가 사람들이 그린 그림을 계기로 그들이 다시 만나 무지개가 나타났다는 내용이므로 정답은 ④이다.

① 비는 언제 멈췄을까?   ② Sun은 어디로 숨었을까?

③ Clouds는 왜 외로울까?   ④ 무지개는 어떻게 돌아왔을까?

2 (a) Sun과 Clouds가 싸운 후에 Sun이 떠났고 매일 비가 내렸다고(One day, they had a fight, and the Sun left. ~ It rained every day.) 했으므로 글의 내용과 맞다.

(b) 사람들은 무지개 그림을 그려서 전시했다고(They painted rainbows and put them on display.) 했으므로 글의 내용과 틀리다.

(c) Clouds가 무지개가 그립다고 말하자 Sun도 그 말에 동의했다고(When they met, the Clouds said, "I miss rainbows." The Sun agreed.) 했으므로 글의 내용과 틀리다.

3 Sun이 떠난 뒤에 매일 비가 오고 세상이 흐려졌다고 했으므로 빈칸을 포함한 문장은 세상이 색(colors)을 잃었다는 내용이어야 흐름상 자연스럽다.

① 싸움   ② 평화   ③ 색   ④ 친구들

4 빈칸 뒤에서는 Sun이 밝게 빛났고, 천천히 무지개가 나타났다고(~, and the Sun shined brightly. Slowly, a rainbow appeared.) 하면서 비가 '멈춘' 뒤에 일어나는 상황을 설명하므로 빈칸에 들어갈 말로 가장 알맞은 것은 ③이다.

① 떨어졌다   ② 시작됐다   ③ 멈췄다   ④ 머물렀다

5

> Sun이 떠난 후, 사람들은 무지개가 있는 ⓐ <u>다채로운</u> 세상을 볼 수 없었다. 그들은 Sun을 그리워했고 무지개를 ⓑ <u>그렸다</u>.

Build Up

원인	결과
❶ Sun과 Clouds는 싸웠다.	(C) 매일 비가 내렸다. 세상은 그것의 색을 잃었다.
❷ 사람들은 무지개를 볼 수 없었다. 그들은 Sun을 그리워했다.	(B) 그들은 무지개를 그려서 그것을 전시했다.
❸ Sun과 Clouds는 다시 만났다.	(A) 비는 멈췄고, Sun이 밝게 비쳤다. 무지개가 나타났다.

Sum Up

> 어느 날, Sun과 Clouds가 ⓐ <u>싸웠다</u>. Sun은 떠났고, 세상은 흐리게 ⓑ <u>되었다</u>. 사람들은 Sun을 다시 데려오고 싶었다. 그들은 무지개를 그려서 그것을 전시했다. 모든 집에 ⓒ <u>무지개</u> 그림이 있었다. Sun과 Clouds는 무지개를 ⓓ <u>알아차리고</u> 다시 만났다. 비가 멈추고, Sun이 밝게 비쳤을 때, 무지개가 ⓔ <u>나타났다</u>.

🌿 끊어서 읽기

Sun과 Clouds는 친구였다.　　　그들은 만들었다 /　세상을 따뜻하고
¹The Sun and the Clouds were friends. ²They made / the world warm and

다채롭게 /　　무지개로.　　어느 날 /　그들은 싸웠다　// 그리고 Sun이 떠났다.
colorful / with rainbows. ³One day, / they had a fight, // and the Sun left. ⁴The

Clouds는 혼자였다 /　하늘에서.　비가 내렸다 /　매일.　　세상은 그것의 색을 잃었다 /
Clouds were alone / in the sky. ⁵It rained / every day. ⁶The world lost its colors /

그리고 흐려졌다.
and became gray.

사람들은 무지개를 볼 수 없었다.　　그들은 또한 집에 머물러야 했다 /　비 때문에.
⁷People couldn't see rainbows. ⁸They also had to stay home / because of the rain.

그들은 Sun을 그리워했다 /　그리고 그것을 다시 데려오기를 원했다.　사람들은 그렸다 /　무지개를 /
⁹They missed the Sun / and wanted to bring it back. ¹⁰They painted / rainbows /

그리고 그것들을 전시했다.　　모든 집은 가지고 있었다 /　무지개 그림을!
and put them on display. ¹¹Every house had / a picture of a rainbow!

Sun과 Clouds는 그 무지개를 알아차렸다.　　　그들은 서로를 그리워했다.　// 그래서
¹²The Sun and the Clouds noticed the rainbows. ¹³They missed each other, // so

그들은 만나기로 결정했다.　　그들이 만났을 때　// Clouds가 말했다. /　"나는 무지개가 그리워."
they decided to meet. ¹⁴When they met, // the Clouds said, // "I miss rainbows."

Sun은 동의했다.　　그러자 비가 멈추었다　//　그리고 Sun이 밝게 빛났다.
¹⁵The Sun agreed. ¹⁶Then the rain stopped, // and the Sun shined brightly.

천천히 /　무지개가 나타났다.
¹⁷Slowly, / a rainbow appeared.

🌿 우리말 해석

다채로운 세상

¹Sun과 Clouds는 친구였어요. ²그들은 무지개로 세상을 따뜻하고 다채롭게 만들었지요. ³어느 날, 그들은 싸웠고, Sun이 떠나버렸어요. ⁴하늘에는 Clouds 혼자뿐이었어요. ⁵매일 비가 내렸지요. ⁶세상은 색을 잃고 흐려졌어요.

⁷사람들은 무지개를 볼 수 없었어요. ⁸그들은 또한 비 때문에 집에 있어야만 했어요. ⁹그들은 Sun을 그리워했고 그것을 다시 데려오고 싶어 했어요. ¹⁰그들은 무지개를 그려서 그것을 전시했어요. ¹¹모든 집에 무지개 그림이 있었지요!

¹²Sun과 Clouds는 그 무지개를 알아차렸어요. ¹³그들은 서로를 그리워해서 만나기로 결정했어요. ¹⁴그들이 만났을 때 Clouds는 "나는 무지개가 그리워."라고 말했어요. ¹⁵Sun도 동의했지요. ¹⁶그러자 비가 멈추고 Sun이 밝게 비쳤어요. ¹⁷천천히 무지개가 나타났답니다.

²They **made** the world *warm and colorful* with rainbows.
<u>주어</u>　<u>동사</u>　<u>목적어</u>　　　<u>보어</u>

→ 「make[made]+목적어+형용사」는 '～을[를] …하게 만들다[만들었다]'라는 의미이다.

→ warm and coloful은 목적어 the world를 보충 설명한다.

⁸They also **had to** stay home *because of* the rain.
<u>주어</u>　　<u>동사</u>

→ 「have[had] to+동사원형」은 '～해야 한다[했다]'의 의미이다.

→ because of는 '～ 때문에'의 의미로 뒤에는 명사나 대명사가 온다.

⁹They missed the Sun **and** wanted to *bring it back*.
<u>주어</u>　<u>동사1</u>　<u>목적어1</u>　　<u>동사2</u>　　　<u>목적어2</u>

→ and로 동사 missed와 wanted가 연결되었다.

→ to bring it back은 '다시 데려오는 것'으로 해석하며, 동사 wanted의 목적어이다.

¹¹**Every** house had *a picture* [of a rainbow]!
　　<u>주어</u>　　<u>동사</u>　　<u>목적어</u>

→ 「every+단수명사」는 '모든 ～, 어느 ～이나 다'라는 의미이다.

→ of a rainbow는 a picture를 뒤에서 꾸며준다.

CHAPTER 2 Difference

01 Friends on the Other Side pp.32 ~ 35

p. 33 **Check Up**	1 ②	2 ②	3 ①	4 ①	5 ③		
p. 34 **Build Up**	ⓐ building	ⓑ pet		ⓒ climb	ⓓ river		
p. 34 **Sum Up**	ⓐ planet	ⓑ evening		ⓒ family	ⓓ common	ⓔ same	
p. 35 **Look Up**	**A 1** building	**2** flow				**3** climb up	
	B 1 for fun - 재미로	**2** village - 마을					
	3 whole - 모든, 전체의	**4** amazing - 놀라운, 굉장한					
	C 1 planet	**2** in common				**3** along	

Check Up

1 Peter와 Arun은 사는 곳은 다르지만 나무 타기를 좋아하고 가족들과 함께 산다는 공통점을 갖고 있으므로 정답은 ②이다.

> 우리는 다르지만 같다

① 재미있는   ② 같은   ③ 놀라운   ④ 모든

2 Arun이 사는 곳에는 높은 건물들이 없다고(There are not many buildings in my village.) 했으므로 정답은 ②이다.

3 Arun이 가끔 재미로 나무 타기를 한다는(I sometimes climb up the trees for fun.) 말에, Peter도 나무 타기를 좋아한다고(I like climbing up trees, too.) 했다. Peter의 가족은 부모님, 여동생으로 총 4명과 반려동물 Rudy가 있다고(I live ~ with my parents, sister, and my dog Rudy.) 했으며, Arun은 약 30명 되는 대가족과 같이 산다고(My family is really big. There are about thirty people.) 했다. Peter의 반려동물은 개이며, Arun은 소, 닭, 그리고 돼지와 같은 농장 동물들을 키운다고(No, but we have farm animals like cows, chickens, and pigs.) 했다. 하지만 Peter와 Arun이 사는 나라에 대한 내용은 글에 없으므로 정답은 ①이다.

4 빈칸 바로 뒤에 이어지는 문장에서 가족이 약 30명이라고 했으므로 big(큰)이 가장 알맞다.
① 큰   ② 작은   ③ 친절한   ④ 높은

5 빈칸 앞 문장에는 반려동물이 없다고 했으며, 뒷 문장에서는 소, 닭, 그리고 돼지와 같은 농장 동물들이 있다는 내용으로 보아, 빈칸에는 반대의 의미를 가진 but(그러나)이 가장 알맞다.
① 그래서   ② 또는   ③ 그러나   ④ 또한

Build Up

Peter는	Peter와 Arun은	Arun은
• 나무집이 있다. • 벽돌 ⓐ 건물에서 산다. • ⓑ 반려동물이 있다.	• 나무에 ⓒ 오르는 것을 좋아 한다. • 자신의 가족과 같이 산다.	• ⓓ 강 근처에서 산다. • 자신의 가족과 함께 농장 동물 들을 돌본다.

Sum Up

오늘 나는 Arun을 온라인에서 만났다. 그는 ⓐ 지구 반대쪽에 산다. 나는 그와 아침에 대화를 나누었다. 하지만 Arun은 그의 마을에선 ⓑ 저녁이라고 했다. Arun은 ⓒ 대가족이 있다. 그의 가족은 약 30명이다. 또한 그의 가족은 소와 닭과 같은 많은 농장 동물들이 있다. 우리는 다른 곳에 살지만, 몇 가지를 ⓓ 공통적으로 가지고 있다. 어쨌든, 우리는 ⓔ 같은 행성에 산다.

끊어서 읽기

         좋은 아침이야!   내 이름은 Peter야.   너는 누구야?

Peter012: ¹Good morning! ²My name is Peter. ³Who are you?

        안녕, 나는 Arun이야.   여기는 저녁이야.   나는 막 저녁을 먹었어!

Arun56: ⁴Hi, I'm Arun. ⁵It's evening here. ⁶I just had dinner!

        와, 너는 반대쪽에 있구나   /   지구의.   많은 높은

Peter012: ⁷Wow, you are on the other side / of the planet. ⁸There are many tall

건물들이 있어 / 여기에.   그곳은 어때?

buildings / here. ⁹How about there?

      많은 건물들이 없어   / 우리 마을에는.   하지만 강이 흘러 /

Arun56: ¹⁰There are not many buildings / in my village. ¹¹But a river flows /

    그것을 통해.   많은 나무들이 있어   /   강을 따라서.   나는 가끔 /

through it. ¹²There are many trees / along the river. ¹³I sometimes /

    나무 위로 올라가 / 재미로.

climb up the trees / for fun.

       그것은 놀랍다!   나는 좋아해 / 나무를 오르는 것을, / 또한.   나는 나무집이 있어!

Peter012: ¹⁴That's amazing! ¹⁵I like / climbing up trees, / too. ¹⁶I have a tree house!

      오, 너는 사니 /   나무집에서?

Arun56: ¹⁷Oh, do you live / in the tree house?

아니, 나는 벽돌 건물에서 살아 / 나의 부모님, 여동생, 그리고 내 개

Peter012: [18]No, I live in a brick building / with my parents, sister, and my dog

Rudy와 함께.

Rudy.

나도 내 가족과 함께 살아. 우리 가족은 정말 커.

Arun56: [19]I live with my family, too. [20]My family is really big. [21]There are

약 30명의 사람들이 있어. 나의 부모님, 여자형제들, 남자형제들, 조부모님,

about thirty people. [22]My parents, sisters, brothers, grandparents,

삼촌들, 고모들, 그리고 사촌들 …

uncles, aunts, and cousins...

30명? 그것은 놀랍다! 너는 반려동물이 있니?

Peter012: [23]Thirty? [24]That's amazing! [25]Do you have any pets?

아니, 하지만 우리는 농장 동물들이 있어 / 소, 닭, 그리고 돼지와 같은. 우리

Arun56: [26]No, but we have farm animals / like cows, chickens, and pigs. [27]My

가족 모두가 / 그것들을 돌봐 / 함께.

whole family / takes care of them / together.

우리는 사네 / 아주 다른 장소에. 하지만 우리는 몇 가지를 가지고 있어 /

Peter012: [28]We live / in really different places. [29]But we have some things /

공통적으로.

in common.

나도 같은 생각이야! 어쨌든, / 우리는 살아 / 같은 행성에.

Arun56: [30]I feel the same! [31]After all, / we live / on the same planet.

🌿 우리말 해석

반대쪽의 친구

Peter012: [1]좋은 아침이야! [2]내 이름은 Peter야. [3]너는 누구니?

Arun56: [4]안녕, 나는 Arun이야. [5]여기는 저녁이야. [6]나는 막 저녁을 먹었어!

Peter012: [7]와, 너는 지구 반대쪽에 있구나. [8]여기에는 많은 높은 건물들이 있어. [9]그곳은 어때?

Arun56: [10]우리 마을에는 건물들이 많지 않아. [11]하지만 마을을 통해 강이 흘러. [12]강을 따라서 많은 나무들이 있어. [13]나는 가끔 재미로 나무 위로 올라가거든.

Peter012: [14]그거 놀랍다! [15]나도 나무에 오르는 것을 좋아해. [16]나는 나무집이 있어!

Arun56: [17]오, 너는 나무집에서 사니?

Peter012: [18]아니. 나는 부모님, 여동생, 그리고 내 개 Rudy와 함께 벽돌 건물에서 살아.

Arun56: [19]나도 가족들과 함께 살아. [20]우리 가족은 정말 대가족이야. [21]약 30명의 사람들이 있거든. [22]부모님, 여자형제들, 남자형제들, 조부모님, 삼촌들, 고모들, 그리고 사촌들…

Peter012: [23]30명? [24]그거 놀랍다! [25]너는 반려동물이 있니?

Arun56: ²⁶아니, 하지만 소, 닭, 돼지 같은 농장 동물들이 있어. ²⁷우리 가족 모두가 그것들을 함께 돌보지.

Peter012: ²⁸우리는 아주 다른 장소에 살고 있네. ²⁹하지만 우리는 몇 가지 공통점을 갖고 있구나.

Arun56: ³⁰나도 같은 생각이야! ³¹어쨌든, 우리는 같은 행성에 사니까.

⚘ 주요 문장 분석하기

¹⁵I **like** *climbing* up trees, too.
　주어 동사　　　　　목적어

→ 동사 like는 「동사원형+-ing」 형태의 목적어를 가질 수 있다.

→ climbing up은 '(위에) 오르는 것'으로 해석하며, climbing up trees는 동사 like의 목적어이다.

²⁶No, but we have *farm animals* [**like** cows, chickens, and pigs].
　　　　주어　동사　　　　　　　　　　목적어

→ like cows, chickens, and pigs는 앞에 나온 farm animals를 꾸며준다.

→ like는 '(예를 들어) ~와 같은'이라는 의미이다.

02	**Table Manners**				pp.36 ~ 39
p. 37 Check Up	1 ②	2 (a)✕ (b)○ (c)○	3 ④	4 ③	5 ②
p. 38 Build Up	1 (C)	2 (A)	3 (B)		
p. 38 Sum Up	ⓐ manners	ⓑ noise	ⓒ burping	ⓓ meal	ⓔ follow
p. 39 Look Up	**A 1** rude	**2** noodle		**3** chew	
	B 1 mean - 의미하다	**2** take A's time - 천천히 하다			
	3 basic - 기본적인	**4** in a hurry - 바쁜			
	C 1 rules	**2** careful		**3** follow	

Check Up

1 일본, 중국, 프랑스의 식사 예절을 예로 들며 문화별로 다양한 식사 예절에 대해 설명하는 글이므로 정답은 ②이다.

2 (a) 일본에서는 면을 먹을 때 소리를 내야 한다고(In Japan, when you eat noodles, you have to make noise.) 했으므로 글의 내용과 틀리다.

(b) 중국에서는 젓가락 사용하는 것을 조심해야 한다고 하면서, 공중에 흔들면 안 된다고(But you should be careful with chopsticks there. You shouldn't wave them in the air.) 했으므로 글의 내용과 맞다.

(c) 프랑스 사람들은 천천히 먹는 경험을 즐긴다고(French people like to take their time and enjoy the experience.) 했으므로 내용과 맞다.

3 빈칸 앞에서 트림하는 것은 대부분의 나라에서 무례하다는 내용이 나오고, 빈칸 뒤에서 중국에서는 그것이 무례하

지 않다는 내용이 이어지므로 반대되는 의미의 접속사 but(하지만)이 들어가야 한다. 따라서 정답은 ④이다.

① 또는 ② 그래서 ③ 그리고 ④ 하지만

4 빈칸에는 사람들이 바쁠 때, 식사를 하는 방식을 설명하는 말이 들어가야 하므로 빈칸에 quickly(빠르게)가 가장 알맞다.

① 조용히 ② 조심스럽게 ③ 빠르게 ④ 천천히

5 중국에서 트림하는 것은 음식이 맛있었다는 의미라고(Burping means that the food was delicious.) 했으므로 글의 내용을 잘못 이해한 사람은 혁주이다.

Build Up

❶ 일본	❷ 중국	❸ 프랑스
(C) 면을 먹을 때, 소리를 내야 한다.	(A) 트림하는 것은 무례하지 않지만 공중에 젓가락을 흔들지 마라.	(B) 천천히 먹으면서 식사를 즐겨야 한다.

Sum Up

전 세계의 나라들은 다른 식사 ⓐ 예절이 있다. 일본에서는 면을 먹을 때 ⓑ 소리를 내는 것은 괜찮다. 중국에서는 ⓒ 트림하는 것이 무례하지 않다. 프랑스에서는 천천히 먹으면서 ⓓ 식사를 즐겨야 한다. 당신이 다른 나라를 방문할 때, 그 나라의 식사 예절을 ⓔ 따르려고 노력하라.

🌾 끊어서 읽기

흥미로운 식사 예절이 있다 / 다른 지역에서 / 세계의. 몇몇
¹There are interesting table manners / in different parts / of the world. ²In some

나라에서는, / 당신은 아무 소리도 내면 안 된다 // 당신이 씹을 때. 다른 나라에서는, /
countries, / you shouldn't make any noise // when you chew. ³In other countries, /

그것은 괜찮다. 일본에서, / 당신이 면을 먹을 때, // 당신은 소리를 내야 한다. 그것은 의미한다 /
it's okay. ⁴In Japan, / when you eat noodles, // you have to make noise. ⁵It means /

당신이 그것을 즐기고 있다는 것을.
that you're enjoying them.

당신이 들을 때 / 누군가 트림하는 것을 / 중국에서, // 놀라지 마라. 트림하는 것은
⁶When you hear / someone burp / in China, // don't be surprised. ⁷Burping is

무례하다 / 대부분의 나라에서, / 하지만 중국에서는 아니다. 트림하는 것은 의미한다 // 음식이
rude / in most countries, / but not in China. ⁸Burping means // that the food was

맛있었다는 것을. 하지만 당신은 젓가락을 조심해야 한다 / 그곳에서. 당신은 그것들을
delicious. ⁹But you should be careful with chopsticks / there. ¹⁰You shouldn't

흔들면 안 된다 / 공중에.
wave them / in the air.

사람들은 바쁠 때, // 그들은 식사를 끝내려고 노력한다 / 빠르게. 하지만 당신은
[11]When people are in a hurry, // they try to finish their meal / quickly. [12]But you

그렇게 하면 안 된다 / 프랑스에서. 프랑스 사람들은 천천히 하는 것을 좋아한다 / 그리고
shouldn't do that / in France. [13]French people like to take their time / and enjoy

그 경험을 즐기는 것을 (좋아한다).
the experience.

이런 식사 예절들은 다를지도 모른다 / 당신의 문화의 것과. 하지만 / 당신이
[14]These table manners may be different / from your culture's. [15]But / if you visit

다른 나라를 방문한다면, // 따르려고 노력하라 / 기본적인 규칙들을.
other countries, // try to follow / the basic rules.

🌿 우리말 해석

식사 예절

[1]세계의 다른 지역에 흥미로운 식사 예절들이 있습니다. [2]몇몇 나라에서는 씹을 때 아무 소리도 내면 안 됩니다. [3]다른 나라에서는 괜찮습니다. [4]일본에서는 면을 먹을 때 소리를 내야 합니다. [5]그것은 여러분이 면을 즐기고 있다는 것을 의미합니다. [6]중국에서 누군가 트림하는 것을 듣는다면, 놀라지 마세요. [7]대부분의 나라에서 트림하는 것은 무례하지만 중국에서는 그렇지 않습니다. [8]트림하는 것은 음식이 맛있었다는 것을 의미해요. [9]하지만 그곳에서는 젓가락을 조심해야 합니다. [10]그것을 공중에 흔들면 안 돼요.

[11]사람들은 바쁠 때 식사를 빨리 끝내려고 합니다. [12]하지만 프랑스에서는 그렇게 하면 안 됩니다. [13]프랑스 사람들은 천천히 먹으면서 그 경험을 즐기는 것을 좋아하거든요.

[14]이런 식사 예절들은 여러분 문화의 식사 예절과는 다를지도 모릅니다. [15]하지만 다른 나라를 방문한다면, 기본적인 규칙들을 따르려고 노력해 보세요.

🌿 주요 문장 분석하기

[2]In some countries, you **shouldn't** make any noise *when* you chew.
　　　　　　　　　주어　　　　동사　　　　목적어　　　　주어'　동사'

→ 「should not[shouldn't]+동사원형」은 '~하지 말아야 한다'라는 의미이다.

→ when은 '~할 때'라는 의미로 시간을 나타내는 접속사이다.

[6]When you **hear** someone **burp** in China, ***don't be*** surprised.
　　　주어' 동사'　목적어'　보어'　　　　　동사　　　보어

→ 「hear+목적어+동사원형」은 '~가 …하는 것을 듣다'라는 의미이다. 여기서 burp는 목적어 someone을 보충 설명한다.

→ 「don't+동사원형」은 '~하지 마라'는 의미를 나타내는 부정 명령문이다.

¹⁴These table manners **may** be different from your culture's (*table manners*).
　　　　주어　　　　　　　動사　　　　　　　　　　　보어

→ may는 '~할지도 모른다'라는 의미로 추측을 나타내는 조동사이며 뒤에 동사원형이 온다.

→ 단어의 반복을 피하기 위해, culture's 뒤에 table manners가 생략되었다.

¹⁵But **if** you visit other countries, *try* to follow the basic rules.
　　　주어' 동사'　　목적어'　　　동사　　　　목적어

→ if는 '만약 ~라면'의 의미로, 문장과 문장을 연결하는 접속사이다.

→ 동사원형 try로 문장을 시작하는 명령문이다.

---

03 Different Shapes of Us　　　　　　　　pp.40 ~ 43

p. 41 Check Up	1 ④	2 ④	3 ④	4 ③	5 ⓐ: flat　ⓑ: rolled

p. 42 Build Up	ⓐ flat	ⓑ put	ⓒ round	ⓓ rolled

p. 42 Sum Up	3 → 2 → 4 → 1

p. 43 Look Up	**A** 1 roll	2 flat	3 push
	B 1 side - 면, 쪽, 측면	2 mud - 진흙	
	3 carry - 들고 가다, 나르다	4 quietly - 조용히	
	C 1 carried	2 hope	3 pushed

Check Up

1 다른 모습인 Bob을 위해, Bob이 같이 구르면서 놀 수 있도록 친구들이 도와주었다는 내용이므로 정답은 ④이다.

> 다른 점들은 우리를 서로 돕게 만들 수 있다

　① 구르는 것　② 미는 것　③ 모양들　④ 다른 점들

2 Bob은 친구들의 도움으로 결국 구를 수 있게 되었고 포기하지 않으면 희망이 있다고(There is always hope when you don't give up.) 했으므로 ④는 글의 내용과 틀리다.

3 바위들은 둥글기 때문에 구를 수 있었다는 내용이므로 이유를 나타내는 접속사 Because(~ 때문에)가 알맞다.
　① 만약에　② ~할 때　③ ~ 후에　④ ~ 때문에

4 글의 마지막에 Bob이 처음으로 굴렀다는 내용이 등장하므로, 다른 바위들과 비슷한 모양이 되었다는 것을 알 수 있다. 따라서 빈칸을 포함한 문장은 평평한 면에 바른 진흙이 말라서 Bob이 '둥글게' 되었다는 내용이어야 하므로 정답은 ③이다.
　① 슬픈　② 평평한　③ 둥근　④ 조용한

5
> Bob의 친구는 Bob을 돕고 싶었다. 그는 진흙을 Bob의 ⓐ 평평한 면에 발랐고, 마침내 Bob은 언덕 아래로 ⓑ 굴렀다.

Build Up

문제	Bob은 그의 한쪽 면이 ⓐ 평평했기 때문에 구를 수 없었다.

↓

해결책	Bob의 친구 중 한 명이 Bob의 평평한 면에 진흙을 좀 ⓑ 발랐다. 진흙이 말랐을 때, Bob은 ⓒ 둥글게 되었다.

↓

결과	Bob은 처음으로 ⓓ 굴렀다.

Sum Up

❸ 불쌍한 Bob은 그의 한쪽 면이 평평했기 때문에 잔디 사이로 구를 수 없었다.

→

❷ Bob의 친구들은 그를 돕고 싶었다. 그들은 Bob을 꼭대기로 들고 가서 그를 밀었다. 하지만 Bob은 구를 수 없었다.

→

❹ 한 친구가 진흙을 좀 찾아 Bob의 평평한 면에 그것을 발랐다.

→

❶ Bob은 둥글게 되었다. Bob은 천천히 움직였고, 처음으로 굴렀다.

🌿 끊어서 읽기

많은 바위들이 살았다 / 언덕 위에.　그들은 아주 좋아했다 / 놀고 언덕 아래로 구르는 것을.
¹Many rocks lived / on a hill. ²They loved / to play and roll down the hill.

　　그들은 둥글었기 때문에,　// 그들은 구를 수 있었다 / 　잔디 사이로.　하지만 불쌍한 Bob은
³Because they were round, // they could roll / through the grass. ⁴But poor Bob

앉아 있어야 했다 / 조용히.　그는 구를 수 없었다 // 　　그의 한쪽 면이 평평했기 때문에.　　그의
had to sit / quietly. ⁵He couldn't roll // because one side of him was flat. ⁶His

친구들이 말했다. //　　"구르자!"　Bob은 시도했다. // 하지만 그는 할 수 없었다.
friends said, // "Let's roll!" ⁷Bob tried, // but he couldn't.

　Bob의 친구들은 원했다 / 　그를 돕기.　그들은 Bob을 들고 갔다 / 　언덕의 꼭대기로.
⁸Bob's friends wanted / to help him. ⁹They carried Bob / to the top of the hill.

　그 다음에 그들은 그를 밀었다.　Bob은 그저 미끄러졌다.　갑자기, / 한 친구가 말했다. // 　"내가
¹⁰Then they pushed him. ¹¹Bob just slid. ¹²Suddenly, / one friend said, // "I have

생각이 있어!"　그는 진흙을 좀 찾았다 / 그리고 그것을 발랐다 / Bob의 평평한 면에.
an idea!" ¹³He found some mud / and put it / on the flat side of Bob. ¹⁴When the

　진흙이 말랐을 때, // 　Bob은 둥글게 되었다.
mud was dry, // Bob became round.

Bob의 친구들은 뒤에 섰다 / 그리고 지켜보았다. Bob은 천천히 움직였다. 그리고 처음으로,

¹⁵Bob's friends stood back / and watched. ¹⁶Bob moved slowly. ¹⁷Then for the

/ 그는 굴렀다! Bob이 말했다. // "고마워, / 내 친구들아! 항상

first time, / he rolled! ¹⁸Bob said, // "Thank you, / my friends! There is always

희망이 있어 // 네가 포기하지 않으면."

hope // when you don't give up."

🌿 우리말 해석

우리의 여러 모양들

¹언덕 위에 많은 바위들이 살았어요. ²그들은 놀고 언덕을 굴러 내려오는 것을 아주 좋아했지요. ³그들은 둥글었기 때문에 잔디 사이로 구를 수 있었어요. ⁴하지만 불쌍한 Bob은 조용히 앉아 있어야만 했지요. ⁵그는 한쪽 면이 평평했기 때문에 구를 수 없었거든요. ⁶그의 친구들이 "우리 구르자!"라고 말했어요. ⁷Bob은 시도해 봤지만 구를 수 없었어요.

⁸Bob의 친구들은 그를 돕고 싶어 했어요. ⁹그들은 Bob을 언덕 꼭대기로 들고 갔어요. ¹⁰그 다음에 그들은 그를 밀었어요. ¹¹Bob은 그저 미끄러졌을 뿐이었어요. ¹²갑자기 한 친구가 "내게 생각이 있어!"라고 말했어요. ¹³그는 진흙을 좀 찾아서 그 것을 Bob의 평평한 면에 발랐어요. ¹⁴진흙이 말랐을 때 Bob은 둥글게 되었답니다.

¹⁵Bob의 친구들은 뒤에 서서 지켜보았어요. ¹⁶Bob은 천천히 움직였어요. ¹⁷그리고 처음으로 그는 굴렀어요! ¹⁸Bob은 "고마워, 내 친구들아! 포기하지 않으면 항상 희망이 있구나."라고 말했어요.

🌿 주요 문장 분석하기

²They loved to play **and** (to) roll down the hill.
  주어   동사 목적어1   목적어2

➡ and로 to play와 roll down the hill이 연결되어 있다. roll 앞에 to는 생략되었다.

³**Because** they were round, they **_could_** roll through the grass.
       주어' 동사'   주어   동사

➡ Because는 '~하기 때문에'라는 의미로 이유를 나타내는 문장을 연결하는 접속사이다.

➡ could는 can의 과거형으로 '~할 수 있었다'라는 의미이다.

⁴But poor Bob **had to** sit quietly.

➡ 「have[had] to+동사원형」은 '~해야 한다[했었다]'라는 의미이다.

¹³He found some mud **and** put it on _the flat side_ [of Bob].
  주어 동사1   목적어1   동사2 목적어2

➡ and로 동사 found와 put이 연결되었다.

➡ of Bob은 the flat side를 뒤에서 꾸며준다.

p. 45 **Check Up**	1 ① 2 ④ 3 ② 4 ③ 5 ③
p. 46 **Build Up**	1 (C) 2 (B) 3 (A)
p. 46 **Sum Up**	ⓐ began ⓑ served ⓒ different ⓓ schools ⓔ South
p. 47 **Look Up**	A 1 law 2 serve 3 station B 1 illegal - 불법의 2 character - 등장인물 3 late - 후기의, 후반의 4 keep away - 가까이 가지 않다 C 1 began 2 unfair 3 Vote

Check Up

1 1960년대 이전에 미국에서 시행됐던 Jim Crow 법에 대해 설명하는 내용이므로 정답은 ①이다.

2 남부에서 행해지던 Jim Crow 법을 피해 약 6백만 명의 아프리카계 미국인들이 북부와 서부로 이주했다고(~, about 6 million African Americans moved to the North and the West.) 했으므로 글의 내용과 틀린 것은 ④이다.

3 Jim Crow는 어떤 노래에 나오는 인물의 이름이고("Jim Crow" was an African American character in a song.), 그 법은 아프리카계 미국인들이 백인들에게 가까이 가지 못하게 했으며(The laws kept them away from white people.), 그 법이 불법이 된 것은 1960년대라고(Finally, Jim Crow laws became illegal in the 1960s.) 했다. 하지만 그 법을 누가 만들었는지에 대한 내용은 글에 없으므로 정답은 ②이다.
① 'Jim Crow'는 누구였는가? ② Jim Crow 법은 누가 만들었는가?
③ 그 법은 무엇을 했는가? ④ 그 법은 언제 불법이 되었는가?

4 빈칸 뒤에 Jim Crow 법이 아프리카계 미국인들이 백인들에게 가까이 가지 못하게 했던 예시가 이어지고 있으므로 '예를 들어'라는 의미를 가진 For example이 알맞다.
① 하지만 ② 마침내 ③ 예를 들어 ④ 어쨌든

5 역에는 두 개의 다른 매표소가 있었다고(There were also two different ticket offices.) 했지만, 같은 매표소에서 두 가지의 다른 티켓을 팔았다는 내용은 없으므로 잘못 이해한 사람은 주연이다.

Build Up

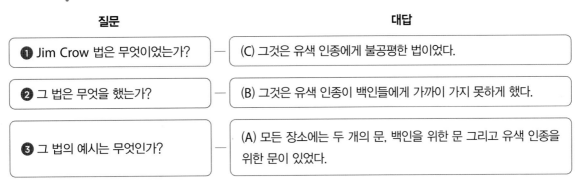

질문	대답
❶ Jim Crow 법은 무엇이었는가?	(C) 그것은 유색 인종에게 불공평한 법이었다.
❷ 그 법은 무엇을 했는가?	(B) 그것은 유색 인종이 백인들에게 가까이 가지 못하게 했다.
❸ 그 법의 예시는 무엇인가?	(A) 모든 장소에는 두 개의 문, 백인을 위한 문 그리고 유색 인종을 위한 문이 있었다.

Sum Up

대부분의 Jim Crow 법은 1800년대 말과 1900년대 초에 미국에서 **a** <u>시작되었다</u>. 몇몇 식당들은 백인들에게만 **b** <u>음식을</u> 제공했다. 또한, 모든 장소에는 두 개의 **c** <u>다른</u> 문이 있었다. 아이들도 다른 학교에 **d** <u>다녔다</u>. 그 법이 **e** <u>남부</u>에 있었기 때문에 많은 아프리카계 미국인들은 북부와 서부로 이주했다.

🌿 끊어서 읽기

1960년대 이전에, / Jim Crow 법이 있었다 / 미국에. 'Jim Crow'는
¹Before the 1960s, / there were Jim Crow laws / in America. ²"Jim Crow" was

아프리카계 미국인 등장인물이었다 / 노래 안에. Jim Crow 법은 불공평한 법이었다 /
an African American character / in a song. ³Jim Crow laws were unfair laws / for

유색 인종에게 / 예를 들어, / 아프리카계 미국인들. 그 법은 그들을 가까이 가지 못하게 했다 /
people of color, / for example, / African Americans. ⁴The laws kept them away /

백인들에게
from white people.

예를 들어, / 몇몇 식당들은 음식을 제공했다 / 백인들에게만. 이것은 의미했다 //
⁵For example, / some restaurants served / only white people. ⁶This meant //

유색 인종은 / 그것들을 이용할 수 없었다(는 것). 모든 장소에는 있었다 / 두 개의 다른 문이.
people of color / could not use them. ⁷Every place had / two different doors.

역에는 있었다 / 두 개의 다른 대기실이. 두 개의 다른 매표소도 있었다.
⁸Stations had / two different waiting rooms. ⁹There were also two different ticket

아이들은 다녀야 했다 / 다른 학교에. / 또한. 많은 아프리카계
offices. ¹⁰Children had to go / to different schools, / too. ¹¹Many African

미국인들은 / 투표를 할 수 없었다. / 또한.
Americans / couldn't vote, / either.

대부분의 Jim Crow 법은 시작되었다 / 1800년대 후반에 / 그리고 1900년대 초기에.
¹²Most Jim Crow laws began / in the late 1800s / and early 1900s. ¹³Because the

그 법이 남부에 있었기 때문에, // 약 6백만 명의 아프리카계 미국인들은 / 북부와
laws were in the South, // about 6 million African Americans / moved to the

서부로 이주했다. 마침내, / Jim Crow 법은 불법이 되었다 / 1960년대에.
North and the West. ¹⁴Finally, / Jim Crow laws became illegal / in the 1960s.

🌿 우리말 해석

Jim Crow 법

¹1960년대 이전에 미국에는 Jim Crow 법이 있었습니다. ²'Jim Crow'는 노래에 나오는 아프리카계 미국인 인물이었어요. ³Jim Crow 법은 유색 인종, 예를 들어 아프리카계 미국인들에게 불공평한 법이었어요. ⁴그 법은 그들을 백인들에게 가까이 가지 못하게 했죠.

⁵예를 들어, 몇몇 식당들은 백인들에게만 음식을 제공했습니다. ⁶이것은 유색 인종은 그 식당들을 이용할 수 없다는 것을 의미했어요. ⁷모든 장소에는 두 개의 다른 문이 있었습니다. ⁸역에는 두 개의 다른 대기실이 있었습니다. ⁹두 개의 다른 매표소도 있었지요. ¹⁰아이들 또한 다른 학교에 다녀야 했습니다. ¹¹많은 아프리카계 미국인들은 투표도 할 수 없었습니다.

¹²대부분의 Jim Crow 법은 1800년대 후반과 1900년대 초기에 시작되었습니다. ¹³그 법이 남부에 있었기 때문에, 약 6백만 명의 아프리카계 미국인들은 북부와 서부로 이주했어요. ¹⁴마침내, 1960년대에 Jim Crow 법은 불법이 되었어요.

🌿 주요 문장 분석하기

⁶This meant (**that**) people of color could not use them.
　　주어　　동사　　　　　　주어′　　　　　동사′　　　목적어′

➡ 「mean[meant]+(that)+주어+동사」의 형태이며, '~하다는 것을 의미하다[의미했다]'라는 의미이다. 이때 that 은 생략 가능하다.

⁷**Every** place had two different doors.
　　　주어　　동사　　　　목적어

➡ 「Every+단수명사」는 '모든 ~'이라는 의미이다.

¹⁰Children **had to** go to different schools, too.
　　주어　　　동사

➡ 「have[had] to+동사원형」은 '~해야 한다[했었다]'라는 의미로 의무를 나타낸다.

¹¹Many African Americans **couldn't** vote, *either*.
　　　　　　주어　　　　　　　동사

➡ couldn't는 can't의 과거형으로 '~할 수 없었다'라는 의미이며, 뒤에 동사원형이 온다.

➡ either는 부정문에서 '~도, 또한'이라는 의미이다.

¹⁴Finally, Jim Crow laws **became** illegal in the 1960s.
　　　　　　주어　　　　　동사　　　보어

➡ 「become[became]+형용사」는 '~해지다[해졌다]'라는 의미이다.

➡ illegal은 주어 Jim Crow laws를 보충 설명한다.

Environment

01 Fuels around Us

p. 51 **Check Up**	1 ③ 2 (a) ✕ (b) ○ (c) ○ 3 ② 4 ③
	5 (a) 2,000 (b) 85 (c) 1,200

p. 52 **Build Up**	ⓐ About	ⓑ engines	ⓒ gas	ⓓ bamboo

p. 52 **Sum Up**	ⓐ interesting	ⓑ electricity	ⓒ fuels	ⓓ through

p. 53 **Look Up**	A 1 refrigerator	2 engine	3 pipe
	B 1 deep - (아래로) 깊은	2 far away - 멀리 떨어진	
	3 million - 백만의	4 work - (기계 등이) 작동하다	
	C 1 interesting	2 engine	3 need

Check Up

1 가장 오래된 화석 연료에서부터, 인류가 화석 연료들을 사용하기 시작한 시기, 천연가스 파이프의 길이 등 화석 연료에 관한 다양한 숫자들이 등장하므로 정답은 ③이다.

2 (a) 인간은 2,000년 전에 석탄을 사용하기 시작했다고(Humans started using coal 2,000 years ago.) 했으므로 글의 내용과 틀리다.

(b) 석유의 약 85퍼센트가 엔진을 위한 연료가 된다고(About 85 percent of the oil is turned into fuels for engines.) 했으므로 글의 내용과 맞다.

(c) 우리는 여전히 파이프를 통해서 천연가스를 얻는다고(We still get natural gas through pipes, ~.) 했으므로 글의 내용과 맞다.

3 냉장고가 1년 동안 작동하기 위해서는 300 kg의 석탄이 필요하다고(Your refrigerator needs 300 kg of coal to work for one year.) 했지만, 냉장고의 무게에 대한 내용은 글에 없다.

4 빈칸 앞에서는 우리는 점점 더 많은 석유가 필요하다는 내용이 나오고 빈칸 뒤에서는 이에 대한 이유가 등장한다. 따라서 빈칸에는 이유를 나타내는 접속사 because(왜냐하면)가 가장 알맞다.

① 그러나 ② 만약에 ③ 왜냐하면 ④ 그래서

5 (a) 인간은 2,000년 전에 석탄을 사용하기 시작했다.

(b) 석유의 약 85퍼센트는 엔진을 위한 연료가 된다.

(c) 바다 아래에 있는 가스 파이프는 약 1,200 km 길이나 될 수 있다.

Build Up

석탄	석유	ⓒ 천연가스
• 세계 전기의 ⓐ 약 40퍼센트가 석탄에서 나온다.	• 대부분의 석유는 ⓑ 엔진을 위한 연료가 된다.	• 우리는 그것을 파이프를 통해 얻는다. • 오래 전에, 사람들은 ⓓ 대나무로 파이프를 만들었다.

Sum Up

석탄, 석유, 그리고 천연가스에 관한 ⓐ 흥미로운 숫자들이 있다. 먼저, 우리는 ⓑ 전기를 얻기 위해 석탄을 사용한다. 냉장고는 일 년 동안 석탄 300kg을 사용한다. 다음, 석유의 약 85퍼센트는 엔진을 위한 ⓒ 연료가 된다. 마지막으로, 우리는 파이프를 ⓓ 통해 천연가스를 얻는다. 가스 파이프는 약 1,200km 길이나 될 수 있다.

🌾 끊어서 읽기

석탄과 석유, 천연가스는 / 화석 연료이다. 가장 오래된 것은 ~이 되었을 수 있다 / 4억 년.
¹Coal, oil, and natural gas / are fossil fuels. ²The oldest ones can be / 400 million

여기 몇몇 다른 흥미로운 숫자들이 있다 / 화석 연료에 관한.
years old. ³Here are some other interesting numbers / about fossil fuels.

인간은 시작했다 / 석탄을 사용하기 / 2,000년 전에. 약 40퍼센트가 / 세계
⁴Humans started / using coal / 2,000 years ago. ⁵About 40 percent / of the world's

전기의 / 석탄에서 나온다. 우리는 석탄을 얼마나 많이 사용하는가? 당신의 냉장고는
electricity / comes from coal. ⁶How much coal do we use? ⁷Your refrigerator

필요하다 / 300kg의 석탄이 / 1년 동안 작동하기 위해서.
needs / 300 kg of coal / to work for one year.

우리는 석유를 얻는다 / 깊은 구멍을 만들어서 / 땅 속에. 석유의 약 85퍼센트는 /
⁸We get oil / by making a deep hole / into the earth. ⁹About 85 percent of the oil /

연료가 된다 / 엔진을 위한. 우리는 점점 더 많은 석유가 필요하다 // 우리는
is turned into fuels / for engines. ¹⁰We need more and more oil // because we

수백만 대의 새 차를 만들기 때문에 / 매년.
make millions of new cars / every year.

약 2,000년 전에, / 사람들은 파이프를 만들었다 / 대나무로 / 그리고 그것들을 사용했다 /
¹¹Around 2,000 years ago, / people made pipes / from bamboo / and used them /

천연가스를 찾기 위해. 우리는 여전히 천연가스를 얻는다 / 파이프를 통해, / 하지만 멀리
to find natural gas. ¹²We still get natural gas / through pipes, / but from places

떨어진 곳에서.   가스 파이프는 / 바다 아래에 있는   /   약 1,200km 길이나 될 수 있다.
far away. ¹³A gas pipe / under the sea / can be about 1,200 km long.

🌿 우리말 해석

우리 주변의 연료

¹석탄, 석유, 그리고 천연가스는 화석 연료입니다. ²가장 오래된 것은 4억 년이 되었을 수도 있어요. ³여기 화석 연료에 관한 몇 개의 다른 흥미로운 숫자들이 있습니다.

⁴인간은 2,000년 전에 석탄을 사용하기 시작했습니다. ⁵세계 전기의 약 40퍼센트가 석탄에서 나옵니다. ⁶우리는 석탄을 얼마나 많이 사용할까요? ⁷여러분의 냉장고는 1년 동안 작동하기 위해 300kg의 석탄을 필요로 합니다.

⁸우리는 땅 속에 깊은 구멍을 만들어서 석유를 얻습니다. ⁹석유의 약 85퍼센트가 엔진을 위한 연료가 됩니다. ¹⁰우리는 매년 수백만 대의 차를 새로 만들기 때문에, 점점 더 많은 석유가 필요하지요.

¹¹약 2,000년 전에, 사람들은 대나무로 파이프를 만들었고 천연가스를 찾는데 그것들을 사용했습니다. ¹²우리는 여전히 파이프를 통해 천연가스를 얻지만, 멀리 떨어진 곳에서 천연가스를 얻습니다. ¹³바다 아래에 있는 한 가스 파이프의 길이는 약 1,200km나 될 수 있답니다.

🌿 주요 문장 분석하기

²The oldest **ones** can be 400 million years old.
　　　　주어　　　　동사　　　　보어
→ ones는 앞 문장의 fossil fuels 중 어떤 것을 가리키는 말이며, 가리키는 대상이 명확하지 않을 때 사용한다.

⁵*About 40 percent* [of the world's electricity] **comes** from coal.
　　　　　　　주어　　　　　　　　　　　　동사
→ of the world's electricity는 앞의 About 40 percent를 꾸며준다.
→ percent of 뒤에 the world's electricity가 단수명사이므로 이에 맞춰 단수동사 comes가 사용되었다.

⁷Your refrigerator needs **300 kg of coal** *to work* for one year.
　　　주어　　　　　동사　　　　목적어
→ 명사의 수량을 단위로 나타낼 때는 「수+단위+of+명사」의 형태로 표현한다.
→ to work는 '작동하기 위해서'라고 해석하며, 목적을 나타낸다.

¹¹ ~, people **made** pipes from bamboo and **used** them *to find* natural gas.
　　　　주어　　동사1　목적어1　　　　　　　동사2　목적어2
→ and로 동사 made와 used가 연결되었다.
→ to find는 '찾기 위해서'라고 해석하며, 목적을 나타낸다.

¹²We still get natural gas through pipes, **but** from places far away.
　　주어　　　동사　　　목적어
→ but 다음에 공통인 부분인 we get natural gas through pipes가 생략되었다.

p. 55 **Check Up**	1 ②	2 ④	3 ①	4 ②	5 ①
p. 56 **Build Up**	ⓐ burn	ⓑ heat	ⓒ melted	ⓓ broke off	
p. 56 **Sum Up**	ⓐ ride	ⓑ cubs	ⓒ under	ⓓ tent	ⓔ warm up
p. 57 **Look Up**	A 1 cub	2 melt		3 break off	
	B 1 trap - 가두다	2 change - 변하다			
	3 recently - 최근에	4 ride - (배 등에) 타기; 타다			
	C 1 runs	2 heated		3 warm up	

Check Up

1 북극이 매년 더 따뜻해지면서 얼음이 빨리 녹기 시작하고 있으며, 이로 인해 북극곰이 살 곳이 점점 사라진다는 이야기이므로 정답은 ②이다.
① 어미 곰 찾기 　　　　② 북극곰의 녹는 집
③ 북극에서 에너지 절약하기 　　④ 얼음판 위에서 재밌는 타기

2 우리는 에너지를 얻기 위해 화석 연료를 태우는데, 이것은 가스를 만들고 그 가스는 지구 주변에 텐트를 만든다고 (That gas forms a tent around the earth, ~.) 했으므로 글의 내용과 틀린 것은 ④이다.

3 북극에서는 여름에 해가 지지 않는다고 했지만 그 이유는 글에 나오지 않으므로 정답은 ①이다.

4 빈칸 앞에서는 가스는 지구 주변에 텐트를 만든다고 했으며, 빈칸 뒤에서는 그 텐트에 대한 새로운 사실이 추가로 등장하므로 빈칸에는 and(그리고)가 가장 알맞다.
① ~할 때　② 그리고　③ 그러나　④ 왜냐하면

5 우리는 에너지를 얻기 위해서 화석 연료를 태우고, 이때 만들어진 가스는 지구 주변에 텐트를 만들어 여분의 열을 가두기 때문에 북극이 더 따뜻해지고 얼음이 빨리 녹는다고 했다. 따라서 글을 잘못 이해한 사람은 지혜이다.

Build Up

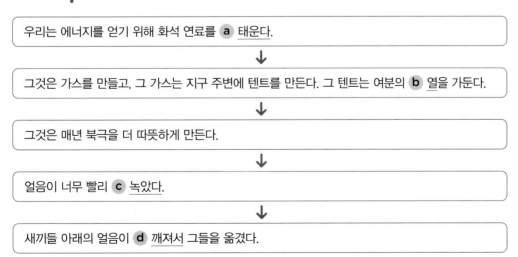

우리는 에너지를 얻기 위해 화석 연료를 ⓐ 태운다.

↓

그것은 가스를 만들고, 그 가스는 지구 주변에 텐트를 만든다. 그 텐트는 여분의 ⓑ 열을 가둔다.

↓

그것은 매년 북극을 더 따뜻하게 만든다.

↓

얼음이 너무 빨리 ⓒ 녹았다.

↓

새끼들 아래의 얼음이 ⓓ 깨져서 그들을 옮겼다.

Sum Up

오늘 나는 아빠와 같이 배 ⓐ 타기를 하러 갔다. 그때 나는 ⓑ 새끼 북극곰 두 마리를 봤다. 아빠는 새끼들 ⓒ 아래의 얼음이 깨져서 그들을 옮겼다고 했다. 아빠는 또한 에너지에 대해 말씀하셨다. 우리는 에너지를 얻기 위해 화석 연료를 태우지만, 그것은 가스를 만든다. 그 가스는 지구 주변에 ⓓ 텐트를 만들고, 이 텐트는 매년 지구를 더 ⓔ 따뜻하게 만든다.

🌾 끊어서 읽기

어떤 것들은 절대 변하지 않는다 / 북극에서. 여름에는, / 해가 절대 지지 않는다.
¹Some things never change / in the Arctic. ²In the summer, / the sun never sets.

겨울에는, / 해가 절대 뜨지 않는다. 하지만 최근에, / 무언가가 바뀌기 시작했다.
³In the winter, / the sun never rises. ⁴But recently, / something started to change.

어느 날, / 나는 배를 타고 있었다 / 아빠와 함께. 나는 흰 공 두 개를 보았다 / 한 얼음판 위에 있는.
⁵One day, / I was on a boat ride / with Dad. ⁶I saw two white balls / on a sheet of

아빠가 말했다. // "저것들은 새끼 북극곰이야. 나는 생각해 // 그들이 어미를 잃었다고.
ice. ⁷Dad said, // "Those are polar bear cubs. ⁸I think // they lost their mother.

새끼들 아래의 얼음이 / 깨졌어 / 그리고 그들을 옮겼단다. 얼음이 너무 빨리 녹았어."
⁹The ice under the cubs / broke off / and carried them away. ¹⁰The ice melted too

fast."

나는 물었다 // "왜 얼음이 너무 빨리 녹았나요?" 아빠는 말했다 // 그것은 우리가 너무 많은 에너지를
¹¹I asked, // "Why did the ice melt too fast?" ¹²Dad said // it was because we used

사용했기 때문이라고 / 집을 따뜻하게 하기 위해 / 그리고 공장을 운영(하기 위해). 우리는 화석 연료를 태운다 /
too much energy / to heat houses / and run factories. ¹³We burn fossil fuels / to

에너지를 얻기 위해, // 그러나 그것은 가스를 만든다. 그 가스는 텐트를 만든다 / 지구 주변에 // 그리고
get energy, // but it makes gas. ¹⁴That gas forms a tent / around the earth, // and

이 텐트는 여분의 열을 가둔다. 그것은 만든다 / 북극이 더 따뜻해지도록 / 매년.
this tent traps extra heat. ¹⁵It makes / the Arctic warm up more / every year.

🌾 우리말 해석

따뜻한 북극

¹북극에서 어떤 것들은 절대 변하지 않습니다. ²여름에는 절대 해가 지지 않아요. ³겨울에는 절대 해가 뜨지 않지요. ⁴하지만 최근에, 무엇인가 바뀌기 시작했습니다.

⁵어느 날, 나는 아빠와 함께 배를 타고 있었어요. ⁶나는 한 얼음판 위에 있는 하얀 공 두 개를 보았어요. ⁷아빠는 말씀하셨어요, "저것들은 새끼 북극곰들이야. ⁸내 생각에 그들이 어미를 잃은 것 같구나. ⁹새끼들 아래에 있던 얼음이 깨져서 그들을 옮긴 거야. ¹⁰얼음이 너무 빨리 녹아버렸어."

¹¹나는 "왜 얼음이 너무 빨리 녹았나요?"라고 물었어요. ¹²아빠는 우리가 집에 난방을 하고 공장을 운영하는 데 너무 많은 에너지를 사용했기 때문이라고 말씀하셨어요. ¹³우리는 에너지를 얻기 위해 화석 연료를 태우지만, 그것은 가스를 만들어요. ¹⁴그 가스는 지구 주변에 텐트를 만들고, 이 텐트는 여분의 열을 가두게 됩니다. ¹⁵그것은 북극이 매년 더 따뜻해지도록 만들어요.

🌿 주요 문장 분석하기

⁸I think **(that)** they lost their mother.
주어　동사　　　　주어′　동사′　목적어′

➔ 동사 think는 「(that)+주어+동사」 형태의 목적어를 취할 수 있다. 이때 that은 생략할 수 있다.

¹²~ because we used too much energy **to heat** houses **and** (*to*) **run** factories.

➔ to heat는 '따뜻하게 하기 위해서'라고 해석하며, 목적을 나타낸다.

➔ and는 동사 heat와 run을 연결해준다. run 앞에는 to가 생략되었으므로 '운영하기 위해'라고 해석한다.

¹⁵It **makes** the Arctic **warm up** more every year.
주어　동사　　목적어　　　보어

➔ 「make+목적어+동사원형」 형태로 '~가 …하도록 만들다'라는 의미이다.

➔ warm up은 목적어인 the Arctic을 보충 설명한다.

03　Footprints in the Air pp.58 ~ 61

p. 59 **Check Up**	1 carbon footprint(s)　　2 (a)✕ (b)○ (c)✕　　3 ② 　　4 ③ 5 ⓐ: lower　ⓑ: problem			
p. 60 **Build Up**	ⓐ energy	ⓑ in use	ⓒ instead of	ⓓ ride
p. 60 **Sum Up**	ⓐ burning	ⓑ put	ⓒ less	ⓓ way
p. 61 **Look Up**	A 1 stair　　　2 footprint　　　3 turn off B 1 put - 넣다, 두다　　2 in use - 사용 중인 　3 differently - 다르게　4 for example - 예를 들어 C 1 instead of　　2 almost　　3 problems			

Check Up

1 지구 온난화 문제를 해결할 수 있는 가장 좋은 방법은 탄소 발자국을 줄이는 것이라고 하면서, 탄소 발자국이 무엇인지, 어떻게 생기는지, 그리고 그것을 줄이는 방법에 대해서 설명하는 글이므로 글에서 가장 중심이 되는 단어는 '탄소 발자국(carbon footprint(s))'이다.

2 (a) 지구 온난화 문제를 해결할 수 있는 가장 좋은 방법은 탄소 발자국을 줄이는 것이라고(The best way is to lower our carbon footprints.) 했으므로 글의 내용과 틀리다.

(b) 우리가 에너지를 사용할 때 공기 중에 탄소를 내보내는 것을 탄소 발자국이라고 부른다고(When we use energy, we put carbon into the air. It's called a carbon footprint.) 했으므로 글의 내용과 맞다.

(c) 우리 모두가 에너지를 사용하면서 탄소 발자국을 만든다고(Everyone makes a carbon footprint.) 했으므로 글의 내용과 틀리다.

3 빈칸을 포함한 문장에 이어서 탄소 발자국을 줄이는 방법의 예시들이 등장하므로, 빈칸에는 '줄이는 것'이라는 의미를 가진 Lowering이 들어가야 알맞다.

① 넣는 것   ② 줄이는 것   ③ 찾는 것   ④ 생각하는 것

4 탄소 발자국을 줄이기 위해 에너지를 덜 사용해야 하며, 그 방법 중 하나는 엘리베이터 대신에 계단을 이용하라고 (Take the stairs instead of an elevator.) 했다. 따라서 글의 내용을 바르게 이해한 사람은 아율이다.

5
> 지구 온난화는 우리의 ⓑ 문제이기 때문에, 우리는 탄소 발자국을 ⓐ 줄여야 한다.

Build Up

> 탄소 발자국을 줄이기 위해 ⓐ 에너지를 덜 사용하라.

> ⓑ 사용하지 않을 때는, 컴퓨터나 텔레비전을 꺼라.

> 엘리베이터 ⓒ 대신 계단을 이용해라.

> 차를 타는 대신 걷거나 자전거를 ⓓ 타라.

Sum Up

> 에너지는 화석 연료를 ⓐ 태우는 것에서 나온다. 그것은 온실 가스를 배출한다. 그래서 우리가 에너지를 사용할 때, 우리는 공기 중에 탄소를 ⓑ 넣는다[내보낸다]. 그것은 탄소 발자국이라고 불린다. 모두가 탄소 발자국을 만든다. 우리는 에너지를 ⓒ 덜 사용하기 시작하고 우리의 탄소 발자국을 줄여야 한다. 그것이 지구 온난화로부터 지구를 구할 수 있는 가장 좋은 ⓓ 방법이다.

🌿 끊어서 읽기

우리는 가끔 생각한다   //   지구 온난화가 우리의 문제가 아니라고.   하지만 우리는 다르게
¹We sometimes think // that global warming is not our problem. ²But we need to

생각해야 한다.   그것은 우리의 문제이다 //   우리가 무언가를 할 수 있기 때문에   / 그것에 대해.
think differently. ³It is our problem // because we can do something / about it.

가장 좋은 방법은 ~이다 /   우리의 탄소 발자국을 줄이는 것.
⁴The best way is / to lower our carbon footprints.

우리가 에너지를 사용할 때,   //   우리는 공기 중에 탄소를 넣는다.   그것은 탄소 발자국이라고 불린다.
⁵When we use energy, // we put carbon into the air. ⁶It's called a carbon footprint.

모두가 탄소 발자국을 만든다.　　　　　예를 들어, 　/　우리는 전기를 사용한다 /
⁷Everyone makes a carbon footprint. ⁸For example, / we use electricity / for

거의 모든 것에.　　　　　전기는 나온다　/　화석 연료를 태우는 것으로부터.
almost everything. ⁹The electricity comes / from burning fossil fuels. ¹⁰When

화석 연료가 탈 때,　//　그것은 온실가스를 만든다.　그래서 /　우리는 탄소 발자국을 만든다　/
fossil fuels burn, // it makes greenhouse gases. ¹¹So, / we make carbon footprints /

매일.
every day.

당신의 탄소 발자국을 줄이는 것은　/　쉽다.　에너지를 덜 사용하는 것부터 시작해라.
¹²Lowering your carbon footprint / is easy. ¹³Start by using less energy. ¹⁴For

예를 들어, /　컴퓨터나 텔레비전을 꺼라　//　그것들이 사용 중이지 않을 때.
example, / turn off computers or televisions // when they are not in use. ¹⁵Take

계단을 이용해라 /　엘리베이터 대신에.　　아니면 걷거나 자전거를 타는 것은 어떤가 /
the stairs / instead of an elevator. ¹⁶Or how about walking or riding a bike /

차를 타는 대신에?
instead of taking a car?

🌿 우리말 해석

공기 중의 발자국

¹우리는 가끔 지구 온난화가 우리의 문제가 아니라고 생각합니다. ²하지만 우리는 다르게 생각할 필요가 있습니다. ³우리가 지구 온난화에 대해 무언가를 할 수 있기 때문에, 그것은 우리의 문제입니다. ⁴가장 좋은 방법은 우리의 탄소 발자국을 줄이는 것입니다.

⁵우리는 에너지를 사용할 때 공기 중에 탄소를 내보냅니다. ⁶그것을 탄소 발자국이라고 부릅니다. ⁷모두가 탄소 발자국을 만듭니다. ⁸예를 들어, 우리는 거의 모든 것에 전기를 사용합니다. ⁹전기는 화석 연료를 태워서 만들어집니다. ¹⁰화석 연료가 탈 때, 온실가스를 배출합니다. ¹¹그래서 우리는 매일 탄소 발자국을 만듭니다.

¹²여러분의 탄소 발자국을 줄이는 것은 쉽습니다. ¹³에너지를 덜 사용하는 것부터 시작하세요. ¹⁴예를 들어, 사용하지 않을 때는 컴퓨터나 텔레비전을 끄세요. ¹⁵엘리베이터 대신 계단을 이용하세요. ¹⁶아니면 차를 타는 대신 걷거나 자전거를 타는 것은 어떨까요?

🌿 주요 문장 분석하기

⁴The best way is **to lower** our carbon footprints.
　　　주어　　동사　　　　　　보어
→ to lower는 '줄이는 것'으로 해석하며, to lower our carbon footprints는 주어 The best way를 보충 설명한다.

¹²**Lowering** your carbon footprint *is* easy.
　　　　주어　　　　　　　　동사 보어
→ Lowering은 '줄이는 것'으로 해석하며, 문장의 주어 역할을 한다.
→ 「동사원형＋-ing」의 형태가 주어일 때는 단수로 취급하기 때문에 뒤에 단수동사 is가 온다.

04 New Journey!

p. 63 **Check Up**	1 ③ 2 ② 3 (a) ○ (b) × (c) × 4 ① 5 ③
p. 64 **Build Up**	4 → 2 → 3 → 1
p. 64 **Sum Up**	ⓐ bottle ⓑ store ⓒ block ⓓ soft
p. 65 **Look Up**	**A** 1 store 2 get washed 3 bottle **B** 1 journey - 여정, 여행 2 pick up - (차에) 태우다 3 drive - 운전하다 4 any longer - 더 이상 **C** 1 together 2 shape 3 soft

Check Up

1 글에서 '나'는 여러 장소를 거쳐, 재활용 센터에서 다른 플라스틱 병들과 만나 반가웠다고(I was glad that I met other plastic bottles there.) 했으므로 여정을 떠나기 전 처음의 모습은 플라스틱 병임을 알 수 있다.
① 국수   ② 재활용 쓰레기통   ③ 플라스틱 병   ④ 플라스틱 조각

2 가게에서부터 재활용 센터로 옮겨져 다른 플라스틱과 같이 있다가 씻겨지고 가열되어 새로운 것이 될 준비가 되었다는 내용으로 보아, 정답은 ②이다.

3 (a) 한 가게 안에서 '나'의 여정이 시작되었다고(My journey started in a store.) 했으므로 글의 내용과 맞다.
(b) 재활용 센터로 '나'를 데리고 간 것은 트럭이므로(But soon a truck came ~ drove to a recycling center.) 글의 내용과 틀리다.
(c) '나'는 재활용 센터에 있다가 몇 주 후에 다른 곳에서 길고 부드러운 국수 모양이 되었다고(A few weeks later, I was at a different place. ~ I melted and then became long and soft noodles.) 했으므로 글의 내용과 틀리다.

4 '나'는 씻겨지고 가열된 뒤에, 길고 부드러운 국수 모양이 되었다가 조각으로 잘라졌다는 내용으로 보아, '나'는 여정을 떠나기 전 모습과 다르다는 것을 알 수 있다. 따라서 정답은 ①이다.
① 병   ② 조각   ③ 재활용 쓰레기통   ④ 기계

5 '나'는 재활용 센터에서 다른 플라스틱 병들과 만나 사각형 덩어리가 되었다고(But soon a machine put us all together and made us into a big block.) 했다. 몇 주 후, 다른 장소에서 씻겨지고 가열된 뒤, 녹아서 부드러워졌고, 이후에 조각들로 잘라졌다고(I got washed and heated up. I melted and then became long and soft noodles. I was also cut into pieces.) 했으므로 정답은 ③이다.
(C) 나는 사각형 덩어리가 되었다. → (B) 나는 씻겨지고 가열되었다. →
(D) 나는 녹았고 부드러워졌다. → (A) 나는 조각들로 잘라졌다.

Build Up

❹ 나는 다른 플라스틱 용기들과 함께 가게 안에 있었다. → ❷ 한 남자아이가 나를 사서 공원으로 데려갔다. →

③ 나는 재활용 쓰레기통에 있었다. → **①** 재활용 센터에서 한 기계가 나와 다른 플라스틱 병들을 사각형 덩어리로 만들었다.

Sum Up

나는 지금 작은 조각들이지만, 새로운 것이 되기 위해 기다리고 있다. 나는 전에 플라스틱 **ⓐ** 병이었다. 내 여정은 한 **ⓑ** 가게 안에서 처음 시작되었다. 머지않아 나는 재활용 쓰레기통에 있다가 재활용 센터로 이동했다. 나는 그곳에서 다른 플라스틱 병들을 만났지만, 기계가 우리를 하나의 **ⓒ** 사각형 덩어리로 만들었다. 나중에, 나는 가열되어 길고 **ⓓ** 부드러운 국수 모양이 되었다. 이제 나는 또 다른 여정을 떠날 준비가 되었다.

🌾 끊어서 읽기

나의 여정은 시작되었다 / 한 가게 안에서.　　많은 플라스틱 용기들이 있었다　　/ 온갖

¹My journey started / in a store. ²There were many plastic containers / in all

　　모양과 크기의.　　　　갑자기, / 한 소년이 들어왔다 / 그리고 나를 샀다. 그 다음에 그는 나를 데려갔다

shapes and sizes. ³Suddenly, / a boy came in / and bought me. ⁴Then he took me

/ 공원으로.　　　　햇볕은 따뜻했다.　　　　날씨가 아주 좋았다.

/ to a park. ⁵The sunlight was warm. ⁶It was a beautiful day.

　　며칠 후, / 나는 재활용 쓰레기통에 있었다　　하지만 곧 한 트럭이 왔다 / 그리고 나를

⁷A few days later, / I was in a recycling bin. ⁸But soon a truck came / and picked

　태웠다. 그것은 갔다 /　　재활용 센터로.　　　　나는 기뻤다 // 내가 다른 플라스틱 병들을

me up. ⁹It drove / to a recycling center. ¹⁰I was glad // that I met other plastic

그곳에서 만나게 되어. 하지만 곧 한 기계가 우리를 모두 함께 모았다 / 그리고 우리를 만들었다 / 하나의 큰

bottles there. ¹¹But soon a machine put us all together / and made us / into a big

사각형 덩어리로.

block.

　　몇 주 후, / 나는 다른 장소에 있었다.　　나는 씻겨졌다 / 그리고 가열되었다.

¹²A few weeks later, / I was at a different place. ¹³I got washed / and heated up.

　나는 녹았다 / 그리고 길고 부드러운 국수 모양이 되었다.　　　　나는 또한 조각들로 잘라졌다.

¹⁴I melted / and then became long and soft noodles. ¹⁵I was also cut into pieces.

　　나는 더 이상 병이 아니었다.　　하지만 나는 준비가 되었다 / 새로운 무언가가 될.

¹⁶I wasn't a bottle any longer. ¹⁷But I was ready / to become something new.

🌿 우리말 해석

새로운 여정!

¹나의 여정은 한 가게에서 시작되었습니다. ²온갖 모양과 크기의 플라스틱 용기들이 많이 있었습니다. ³갑자기 한 소년이 들어와서 나를 샀어요. ⁴그 다음에 그는 나를 공원으로 데려갔지요. ⁵햇볕이 따뜻했어요. ⁶날씨가 아주 좋았지요.
⁷며칠 후, 나는 재활용 쓰레기통에 있었어요. ⁸하지만 곧 트럭이 와서 나를 차에 태웠어요. ⁹그것은 재활용 센터로 갔지요.
¹⁰나는 그곳에서 다른 플라스틱 병들을 만나서 기뻤어요. ¹¹하지만 곧 어떤 기계가 우리를 모두 모아서 하나의 큰 사각형 덩어리로 만들었어요.
¹²몇 주 후, 나는 다른 장소에 있었습니다. ¹³나는 씻겨지고 가열되었어요. ¹⁴나는 녹아서 길고 부드러운 국수 모양이 되었지요. ¹⁵나는 또한 조각들로 잘라졌어요. ¹⁶나는 더 이상 병이 아니었어요. ¹⁷하지만 새로운 것이 될 준비가 되었습니다.

🌿 주요 문장 분석하기

²**There were** *many plastic containers* [in all shapes and sizes].

→ 「There were+복수명사」의 형태로 '~가 있었다'라는 의미이다.

→ in all shapes and sizes는 앞에 many plastic containers를 꾸며준다.

⁸But soon a truck came and **picked** *me* up.
　　　　　　 주어　　동사1　　　동사2　목적어2

→ pick up[picked up]은 '~을 차에 태우다[태웠다]'라는 뜻이며, 목적어가 대명사일 때는 pick과 up 사이에 온다.

¹⁰I was glad **that** I met other plastic bottles there.
주어 동사　보어

→ 감정을 나타나는 형용사 glad 뒤에 이어지는 「that+주어+동사」는 '~하게 되어'라고 해석하며, 감정의 원인을 나타낸다.

CHAPTER 4

Creatures

01 Life in the Rainforests

pp.68 ~ 71

p. 69 **Check Up**	1 ② 2 (a) ○ (b) × (c) ○ 3 ④ 4 ② 5 ⓐ: hard ⓑ: stay
p. 70 **Build Up**	1 (B), (C) 2 (A), (D)
p. 70 **Sum Up**	ⓐ insects ⓑ find ⓒ famous ⓓ stay ⓔ hide
p. 71 **Look Up**	A 1 insect 2 scream 3 cool off B 1 stay - 머물다 2 easily - 쉽게 3 rainforest - 열대우림 4 ground - 땅, 지면 C 1 enemies 2 famous 3 easy

Check Up

1 열대우림에 사는 몇몇 동물들은 보기 쉽지 않다고 하면서 howler monkey와 tapir를 예시로 설명하는 글이므로 정답은 ②이다.

2 (a) 5km 떨어진 곳에서도 howler monkey가 소리치는 것을 들을 수 있다고(You can hear them scream from 5 km away!) 했으므로 글의 내용과 맞다.
(b) howler monkey의 먹이는 땅 위에서보다 나무 꼭대기에 더 많다고(~ they can find more food there than on the ground.) 했으므로 글의 내용과 틀리다.
(c) tapir는 낮 동안에 찾기 힘들다고(Tapirs are also hard to find during the day.) 했으므로 글의 내용과 맞다.

3 tapir가 물속에 머무는 이유는 수중 식물을 먹고, 적으로부터 숨고, 더운 날 동안 더위를 식히기 위함이라고(~ they feed on water plants, hide from their enemies, and cool off during hot days.) 했다. 하지만 땅 위의 소음을 피한다는 내용은 글에 없으므로 정답은 ④이다.

4 빈칸 앞에서는 tapir가 육지동물이라는 내용이고, 빈칸 뒤에서는 그들은 주로 물속과 물 아래에 머무는 것을 좋아한다는 내용이 나온다. 따라서 흐름상 빈칸에 가장 알맞은 것은 반대되는 의미를 나타내는 접속사 but(하지만)이다.
① 그래서 ② 하지만 ③ ~할 때 ④ 왜냐하면

5

> howler monkey와 tapir는 육지동물이지만 찾기 ⓐ 힘들다. 그 원숭이들은 나무 꼭대기에 살고, tapir는 하루 중 대부분 주로 물속과 물 아래에 ⓑ 머문다.

Build Up

❶ howler monkey는 — (B) 나무 꼭대기에 산다. | (C) 아침과 밤에 소리친다.

❷ tapir는 — (A) 수중 식물을 먹고 산다. | (D) 낮 동안에 물속과 물 아래에 머문다.

Sum Up

열대우림에는 많은 동물, 식물, 그리고 **a** 곤충이 있다. 그러나 어떤 동물들은 **b** 찾기 쉽지 않다. howler monkey는 큰 울부짖는 소리로 **c** 유명하다. 여러분은 5km 떨어진 곳에서도 그들이 소리치는 것을 들을 수 있다. tapir는 하루 중 대부분을 물속과 물 아래에 **d** 머문다. 그들은 그들의 적으로부터 **e** 숨고 시원하게 있기 위해서 그렇게 한다.

🌿 끊어서 읽기

열대우림은 서식지이다 / 많은 동물과 식물, 그리고 곤충들의. 하지만
¹Rainforests are home / to many animals, plants, and insects. ²But seeing

열대우림 동물들을 보는 것은 / howler monkey나 tapir와 같은 / 쉽지 않다. 어떤 동물들은 좋아한다 /
rainforest animals / like howler monkeys or tapirs / is not easy. ³Some like /

하늘 가까이 계속 있는 것을. 다른 것들은 열로부터 숨는다 / 물속에서.
to stay close to the sky. ⁴Others hide from the heat / in water.

howler monkey는 ~로 유명하다 / 그들의 큰 울부짖는 소리. 그들은 소리친다 /
⁵Howler monkeys are famous for / their loud howls. ⁶They scream / in the

아침과 밤에. 당신은 들을 수 있다 / 그들이 소리치는 것을 / 5km 떨어진 곳에서도! 하지만
morning and at night. ⁷You can hear / them scream / from 5 km away! ⁸But

당신은 그들을 볼 수 없다 / 쉽게. 그들은 산다 / 나무 꼭대기에 // 왜냐하면 그들은
you cannot see them / easily. ⁹They live / at the top of the trees // because they

더 많은 먹이를 찾을 수 있다 / 그곳에서 / 땅 위 보다.
can find more food / there / than on the ground.

tapir는 또한 ~이다 / 찾기 힘든 / 낮 동안에. 그들은 육지동물이다. // 하지만
¹⁰Tapirs are also / hard to find / during the day. ¹¹They are land animals, // but

그들은 머무는 것을 좋아한다 / 물속과 물 아래에서 / 하루 중 대부분 / 여러 이유로 그들은
they like to stay / in and under water / most of the day / for many reasons: ¹²they

수중 식물을 먹고 산다, / 그들의 적으로부터 숨는다 / 그리고 시원해진다 / 더운 날 동안.
feed on water plants, / hide from their enemies, / and cool off / during hot days.

🌿 우리말 해석

열대우림의 생물

¹열대우림은 많은 동물, 식물, 그리고 곤충들의 서식지입니다. ²하지만 howler monkey나 tapir와 같은 열대우림 동물들을 보는 것은 쉽지 않아요. ³어떤 동물들은 하늘 가까이에 머무는 것을 좋아합니다. ⁴다른 동물들은 물속에서 열로부터 숨기도 하지요.

⁵howler monkey는 큰 울부짖는 소리로 유명합니다. ⁶그들은 아침과 밤에 소리쳐요. ⁷여러분은 5km 떨어진 곳에서도 그들이 소리치는 것을 들을 수 있어요! ⁸하지만 여러분은 그들을 잘 볼 수 없답니다. ⁹그들은 나무 꼭대기에 사는데, 땅 위보다 그곳에서 더 많은 먹이를 찾을 수 있기 때문이에요.

¹⁰tapir 또한 낮 동안 찾기 힘듭니다. ¹¹그들은 육지동물이지만, 여러 이유로 물속과 물 아래에서 하루 중 대부분을 보내는 것을 좋아해요. ¹²그들은 수중 식물을 먹고 살고, 자신의 적으로부터 숨으며, 더운 날 동안 (더위를) 식힐 수 있기 때문이죠.

🌿 주요 문장 분석하기

²But **seeing** rainforest animals like howler monkeys or tapirs **is** not easy.

(주어) ... (동사)(보어)

→ seeing은 「동사원형+-ing」의 형태로 '보는 것, 보기'로 해석한다.

→ 「동사원형+-ing」의 형태가 문장의 주어 역할을 할 때는 동사는 단수로 취급하므로, 단수동사 is가 쓰였다.

⁷You can **hear** them **scream** from 5 km away!

주어 · 동사 · 목적어 · 보어

→ 「hear+목적어+동사원형」은 '~가 …하는 것을 듣다'라는 의미이다.

→ scream은 목적어 them을 보충 설명한다. 여기서 them은 앞문장에서 등장한 howler monkeys를 가리킨다.

¹⁰Tapirs are also *hard* **to find** during the day.

주어 · 동사 ... 보어

→ to find는 '찾기에'라고 해석하며, 앞의 형용사 hard를 꾸며준다.

→ hard to find during the day는 주어 Tapirs를 보충 설명한다.

¹¹~, but they like to stay in (water) **and** under water most of the day for many reasons.

→ in과 under water가 and로 연결되었다.

→ in 뒤에 water는 반복을 피하기 위해 생략되었다.

p. 73 **Check Up**	1 ④	2 ②	3 ②	4 ④	5 ②	
p. 74 **Build Up**	1 Yes	2 No	3 Yes	4 Yes	5 No	6 No

p. 74 **Sum Up**	ⓐ grass	ⓑ color	ⓒ wings	ⓓ leaves	ⓔ fresh

p. 75 Look Up

A 1 woods　　　2 run away　　　3 attack

B 1 lay - (알을) 낳다　　　2 female - 암컷

　 3 report - 보고서　　　4 slow down - (속도, 진행을) 늦추다

C 1 harmful　　　2 usually　　　3 fresh

Check Up

1 대벌레의 서식지와 생김새, 먹이, 행동 특징, 번식 시기 등 대벌레에 대한 모든 것을 정리한 보고서이므로 정답은 ④이다.

　① 대벌레처럼 공격하는 법　　　② 대벌레가 가장 좋아하는 음식

　③ 대벌레의 다양한 종　　　④ 대벌레에 대해 알아야 하는 모든 것

2 대벌레는 공격을 당할 때, 그들의 다리를 스스로 자르고 도망간다고(When they are under attack, they cut off their own legs and run away.) 했으므로 정답은 ②이다.

3 대벌레는 적을 피하기 위해 몸의 색을 바꿀 수 있다고(They can change their color to hide from their enemies.) 했지만, 적이 무엇인지에 대한 내용은 글에 없다.

4 빈칸 앞에서는 대벌레가 나무에 해롭다는 내용이고 빈칸 뒤에서는 이에 대한 이유를 설명하고 있다. 따라서 빈칸에는 이유를 설명하는 접속사 because(왜냐하면)가 들어가야 알맞다.

　① 그래서　② 또는　③ 하지만　④ 왜냐하면

5 대벌레는 적으로부터 숨기 위해, 몸의 색을 초록색이나 갈색으로 바꿀 수 있으며, 신선한 나뭇잎으로부터 수분을 얻는다고 했다. 대벌레는 다리와 더듬이를 다시 자라게 할 수 있다고(They can regrow their antennae and legs.) 했으므로 대벌레에 대해 잘못 이해한 사람은 원우이다.

Build Up

대벌레에 대한 다양한 정보를 문답 형식으로 정리해 본다.

대벌레 퀴즈

		네	아니오
❶ 그것들은 풀밭에 사나요?		☑ 네	☐ 아니오
❷ 그것들은 보통 길이가 30cm 이상인가요?		☐ 네	☑ 아니오
❸ 그것들은 몸의 색을 바꿀 수 있나요?		☑ 네	☐ 아니오
❹ 그것들은 더듬이와 다리를 재생시킬 수 있나요?		☑ 네	☐ 아니오
❺ 그것들은 나무에 도움이 되나요?		☐ 네	☑ 아니오
❻ 그것들은 봄에 알을 낳나요?		☐ 네	☑ 아니오

Sum Up

지난 토요일에 나는 ⓐ 풀밭에서 대벌레를 발견했다. 나는 그것을 잡아서 상자 안에 넣었다. 그것은 초록색에서 갈색으로 자신의 ⓑ 색을 바꿨다. 그것은 상자와도 같은 색이었다! 그 벌레는 ⓒ 날개가 없었지만 긴 다리가 있었다. 나는 그 곤충에게 마른 ⓓ 나뭇잎들을 좀 주었지만 그것은 그것들을 먹지 않았다. 다음날, 그 대벌레는 죽어 있었다. 엄마는 "대벌레들은 나뭇잎에서 수분을 얻기 때문에 ⓔ 신선한 나뭇잎들만 먹는단다."라고 말씀하셨다. 그것들은 정말 흥미로운 곤충이다.

끊어서 읽기

곤충 이름 ¹Insect Name	그것들은 어디에 사는가? ³Where do they live?
대벌레 / 나뭇가지벌레라고도 불림 ²Walkingstick, / also called stick insect	그것들은 발견될 수 있다 / 풀밭이나 ⁴They can be found / in grass or the 숲에서. woods.
그것들은 어떻게 생겼나? ⁵What do they look like?	그것들은 무엇을 먹나? ¹⁰What do they eat?
그것들은 보통 초록색이나 갈색이다 / ⁶They are usually green or brown / in 색이. 그것들은 날개가 없다. // 그래서 color. ⁷They don't have wings, // so 그것들은 날 수 없다. 그것들은 보통 길이가 they cannot fly. ⁸They are usually 7 to 7~10cm이다. 그것들은 재생시킬 수 있다 / 그것들의 10 cm long. ⁹They can regrow / their 더듬이와 다리를. antennae and legs.	그것들은 먹는다 / 나무의 잎을. 그것들은 ¹¹They eat / the leaves of trees. ¹²They 또한 물을 얻는다 / 신선한 잎에서. also get water / from fresh leaves. 그것들은 나무에 해로울 수 있다 // ¹³They can be harmful to trees // 그것들이 늦추기 때문에 / 그것들(나무) because they slow down / the growth 열매의 성장을. of their fruits.
재미있는 사실들 ¹⁴Fun Facts	

그것들은 그들의 색을 바꿀 수 있다   / 숨기 위해 /   그것의 적으로부터.
- ¹⁵They can change their color / to hide / from their enemies.

암컷은 알을 낳는다   /   7월부터 늦가을까지.   그것들의 알은 식물의 씨앗처럼 보인다.
- ¹⁶The females lay eggs / from July to late fall. ¹⁷Their eggs look like plant seeds.

그것들은 공격을 받으면,   //   그것들은 그것의 다리를 자른다   / 그리고 달아난다.
- ¹⁸When they are under attack, // they cut off their own legs / and run away.

대벌레는 3,000종이 넘는다.   어떤 종은 길이가

· ¹⁹There are over 3,000 species of stick insects. ²⁰Some species can be more

30cm가 넘을 수도 있다.

than 30 cm long.

🌿 우리말 해석

Liam의 곤충 보고서

¹곤충 이름	³그것들은 어디에 사는가?
²대벌레, 나뭇가지벌레라고도 불림	⁴그것들은 풀밭이나 숲에서 발견될 수 있다.
⁵그것들은 어떻게 생겼나?	¹⁰그것들은 무엇을 먹나?
⁶그것들은 보통 초록색이나 갈색이다. ⁷그것들은 날개가 없어서 날 수 없다. ⁸그것들은 보통 길이가 7~10cm이다. ⁹그것들은 더듬이와 다리를 재생시킬 수 있다.	¹¹그것들은 나무의 잎을 먹는다. ¹²그것들은 또한 신선한 잎에서 물을 얻는다. ¹³그들이 나무 열매의 성장을 늦추기 때문에, 그것들은 나무에 해로울 수 있다.

¹⁴재미있는 사실들

- ¹⁵그것들은 적으로부터 숨기 위해 몸의 색을 바꿀 수 있다.
- ¹⁶암컷은 7월부터 늦가을까지 알을 낳는다. ¹⁷그것들의 알은 식물의 씨앗처럼 보인다.
- ¹⁸그것들은 공격을 받으면 다리를 잘라버리고 달아난다.
- ¹⁹대벌레는 3,000종이 넘는다. ²⁰어떤 종은 길이가 30cm가 넘을 수도 있다.

🌿 주요 문장 분석하기

⁶They are **usually** green or brown in color.
   주어 동사   보어

→ usually와 같은 빈도를 나타내는 부사는 be동사 뒤나 일반동사 앞에 쓴다.

→ green or brown은 주어 They를 보충 설명한다.

¹⁵They can change their color **to hide** from their enemies.
   주어   동사   목적어

→ to hide는 '숨기 위해서'라고 해석하며, 동사의 목적을 나타낸다.

¹⁸**When** they are under attack, they cut off their own legs *and* run away.
        주어′ 동사′   주어   동사1   목적어1   동사2

→ When은 '~할 때'를 의미하는 문장과 문장을 연결하는 접속사이다.

→ and로 동사 cut off와 run away가 연결되었다.

p. 77 **Check Up**	**1** ② **2** ② **3** (a)○ (b)× (c)○ **4** ② **5** ⓐ: **various** ⓑ: **light**
p. 78 **Build Up**	**1** (B), (D) **2** (A), (C), (E)
p. 78 **Sum Up**	ⓐ **ways** ⓑ **large** ⓒ **find** ⓓ **swallow** ⓔ **light**
p. 79 **Look Up**	**A 1 wide** **2 communicate** **3 light up** **B 1 ocean** - 바다, 대양 **2 large** - 큰 **3 survive** - 살아남다 **4 various** - 다양한 **C 1 ways** **2 difficult** **3 swallow**

Check Up

1 빛이 닿지 않고 먹이가 부족한 심해 물고기가 살아남는 방법에 대해 설명하기 위해 anglerfish와 stoplight loosejaw를 예로 들고 있는 글이므로 정답은 ②이다.
① 심해는 왜 어두울까?
② 심해 물고기[심해어]는 어떻게 살아남는가?
③ 심해에 얼마나 많은 물고기가 사는가?
④ 우리는 왜 심해 물고기[심해어]를 보호해야 하는가?

2 심해에서는 먹이를 찾기 어렵기 때문에, 대부분의 심해어들은 커다란 입을 가지고 있다고(Because food is difficult to find, most of them have large mouths.) 했으므로, 정답은 ②이다.

3 (a) anglerfish는 머리에 낚싯대가 있다고(An anglerfish has a fishing pole on its head.) 했으므로 글의 내용과 맞다.
(b) 머리에 있는 낚싯대 끝에는 파란 빛이 있다고 했으므로(The pole has a blue light at the end.) 글의 내용과 틀리다.
(c) 다른 물고기들이 빛을 향해 헤엄쳐 오면, anglerfish의 입에 도착한다고(When other fish swim toward the light, they arrive in the mouth of the anglerfish.) 했으므로 빛으로 먹이를 유인한다는 것을 알 수 있다.

4 anglerfish는 머리에 있는 낚싯대에서 파란 빛이 있고, stoplight loosejaws는 빨간 빛이 있으며, 그 빛을 이용해서 의사소통한다고 했지만 ②에 대한 내용은 글에 없다.
① anglerfish는 어디에 파란 빛이 있는가?
② 다른 물고기들은 왜 빛을 향해 헤엄치는가?
③ stoplight loosejaw는 무슨 색의 빛이 있는가?
④ stoplight loosejaw는 서로 어떻게 소통을 하는가?

5

> 심해에는 ⓐ 다양한 물고기가 있다. anglerfish와 stoplight loosejaw와 같은 물고기는 바다에서 살아남기 위해 ⓑ 빛을 사용한다.

Build Up

❶ anglerfish는 — (B) 머리에 낚싯대가 있다. | (D) 파란 빛이 있다.

❷ stoplight loosejaw는 — (A) 빨간 빛이 있다. | (C) 다른 물고기와 의사소통하기 위해 빛을 사용한다.

(E) 입을 활짝 벌릴 수 있다.

Sum Up

다양한 물고기가 심해에 산다. 그곳은 매우 어둡지만, 그것들은 모두 심해에서 살아남는 그들만의 ⓐ 방법들이 있다. 그들 중 대부분은 어둠 속에서 먹이를 쉽게 ⓒ 찾을 수 없기 때문에 ⓑ 커다란 입을 가지고 있다. 그것들은 심지어 그들보다 더 큰 물고기를 ⓓ 삼킬 수 있다. anglerfish와 stoplight loosejaw와 같은 일부 물고기들은 살아남기 위해 ⓔ 빛을 사용한다.

🌾 끊어서 읽기

빛은 깊이 들어갈 수 없다 / 바다 안으로. 당신은 어떤 것도 볼 수 없다 / 그곳 아래에 있는. //
¹Light cannot go deep / into the ocean. ²You can't see anything / down there, //

그러나 다양한 물고기들이 그곳에서 산다. 심해의 물고기들은 / 그것들 그들만의 방법들이 있다 /
but various fish live there. ³Fish under the deep sea / have their own ways / to

살아남는. 먹이를 찾기 어렵기 때문에, // 그것들 대부분은 커다란 입을 가지고 있다.
survive. ⁴Because food is difficult to find, // most of them have large mouths.

그것들은 실제로 삼킬 수 있다 / 그것들 그들보다 더 큰 물고기를.
⁵They can actually swallow / fish bigger than themselves.

anglerfish는 낚싯대를 가지고 있다 / 그것의 머리에. 그 낚싯대는 파란 빛이 있다 / 끝에.
⁶An anglerfish has a fishing pole / on its head. ⁷The pole has a blue light / at the

다른 물고기들이 헤엄칠 때 / 그 빛을 향해서, // 그것들은 도착한다 / anglerfish의 입 안에.
end. ⁸When other fish swim / toward the light, // they arrive / in the mouth of

the anglerfish.

stoplight loosejaw 또한 anglerfish처럼 빛난다. 하지만 그것들은 빨간 빛을 가지고 있다.
⁹Stoplight loosejaws also light up like anglerfish. ¹⁰But they have a red light.

그 물고기는 그것을 사용한다 / 먹이를 찾고 서로 의사소통을 하기 위해. 그것들의
¹¹The fish use it / to look for food and communicate with each other. ¹²As their

이름이 보여주듯이, / 그것들은 그들의 입을 활짝 벌릴 수 있다.

name shows, / they can open their mouths wide.

🌿 우리말 해석

바다 속에

¹빛은 바다 안으로 깊이 들어갈 수 없습니다. ²여러분은 그 아래에 있는 어떤 것도 볼 수 없지만, 그곳에는 다양한 물고기들이 살고 있습니다. ³심해어는 살아남는 그들만의 방법이 있습니다. ⁴먹이를 찾기 어렵기 때문에, 그것들 대부분은 커다란 입을 가지고 있지요. ⁵그것들은 실제로 그들보다 더 큰 물고기를 삼킬 수 있습니다.

⁶anglerfish는 머리에 낚싯대가 있습니다. ⁷그 낚싯대 끝에는 파란 빛이 있습니다. ⁸다른 물고기들이 그 빛을 향해 헤엄쳐 오면, 그것들은 anglerfish의 입 안에 도착하게 됩니다.

⁹stoplight loosejaw 또한 anglerfish처럼 빛납니다. ¹⁰하지만 그것들은 빨간 빛을 가지고 있습니다. ¹¹stoplight loosejaw는 먹이를 찾고 서로 의사소통을 하기 위해 그것을 사용합니다. ¹²그것들의 이름이 보여주듯이, 그것들은 입을 활짝 벌릴 수 있습니다.

🌿 주요 문장 분석하기

³*Fish* [under the deep sea] have *their own ways* [**to survive**].

        주어   동사   목적어

→ under the deep sea는 앞의 Fish를 꾸며준다.

→ to survive는 '살아남는'으로 해석하며, 앞에 있는 their own ways를 꾸며준다.

⁵They can actually swallow *fish* [**bigger than *themselves***].

주어 동사   목적어

→ bigger than themselves는 앞에 fish를 뒤에서 꾸며준다.

→ themselves는 주어 They와 동일한 대상이며, 앞 문장의 fish under the deep sea를 가리킨다.

¹¹The fish use it **to look for** food **and** (to) **communicate** with each other.

    주어   동사 목적어

→ to look for는 '찾기 위해'라는 의미로, 목적을 나타낸다.

→ to look for와 communicate가 and로 연결되었으며, communicate 앞에 to는 생략되었다.

04 A River Dolphin

p. 81 **Check Up**	1 ④　　2 (a)✕ (b)○ (c)✕　　3 ④　　4 ②　　5 ①, ③
p. 82 **Build Up**	1 (C), (D)　　2 (B), (F)　　3 (A), (E)
p. 82 **Sum Up**	3 → 1 → 2 → 4
p. 83 **Look Up**	**A** 1 storm　　　　　2 sink　　　　　　3 save **B** 1 follow - (명령에) 따르다　2 regret - 후회하다 　　3 protect - 보호하다　　4 sorry - 안쓰러운, 안된 **C** 1 order　　　　　2 symbol　　　　3 protection

Check Up

1 돌고래로 변해서도 자신을 강에 던진 아버지를 구한 공주의 이야기이므로 정답은 ④이다.
① 왕의 가라앉는 배　② 화가 난 강의 여신　③ 강에 있는 돌고래 구하기　④ 공주가 강 돌고래가 되다

2 (a) 왕이 공주와 결혼할 남자를 선택했다고(One day, the king chose a man to marry the princess.) 했으므로 글의 내용과 틀리다.
(b) 왕은 공주를 배에 태워 강에 던졌다고(He took her out on his boat and threw her into the river.) 했으므로 글의 내용과 맞다.
(c) 강의 여신은 공주가 안쓰러웠다고(The goddess felt sorry for her, ~.) 했으므로 글의 내용과 다르다.

3 강의 여신은 공주를 구한 뒤, 돌고래로 변하게 했으며(~, a river goddess saved her. ~, changed her into a dolphin.) 폭풍을 만들어 왕의 배가 가라앉았다고(The goddess created a storm, and the king's boat sank in the storm.) 했다. 다른 사람과 결혼하라는 왕의 명령을 따르지 않은 것은 공주이므로 정답은 ④이다.

4 빈칸을 포함한 문장은 '왕은 자신의 행동을 후회했고, 강의 (A)를 보호하기 시작했다'라는 의미이다. 빈칸 앞 문장에서는 돌고래가 왕을 구했다는 내용으로 보아, 빈칸에는 dolphins(돌고래들)가 들어가야 알맞다.
① 그의 배들　② 돌고래들　③ 공주　④ 여신

5 돌고래는 평화와 보호의 상징이 되었다고(Dolphins became the symbol of peace and protection.) 했으므로 정답은 ①, ③이다.

Build Up

❶ 공주는	—	(C) 왕의 명령을 따르지 않았다.	(D) 폭풍으로부터 자신의 아버지를 구했다.
❷ 왕은	—	(B) 공주를 배에 태웠다.	(F) 강의 돌고래를 보호했다.
❸ 강의 여신은	—	(A) 폭풍을 일으켜서 왕의 배를 가라앉게 했다.	(E) 공주를 돌고래로 변하게 했다.

46 정답과 해설

Sum Up

❸ 공주가 자신의 명령을 따르지 않았기 때문에 왕은 공주를 강에 던졌다. →

❶ 여신은 공주를 구하고 그녀를 돌고래로 변하게 했다. →

❷ 여신이 왕에 대해 들었을 때, 그녀는 폭풍을 일으켰고 그의 배는 가라앉았다. →

❹ 돌고래는 폭풍으로부터 자신의 아버지를 구했다.

끊어서 읽기

옛날에 아름답고 영리한 공주가 살았다.　그녀는 살았다 /　그녀의 아버지,
¹Once there lived a beautiful and smart princess. ²She lived / with her father,

왕과 함께 /　양쯔강 근처에.　어느 날, /　왕은 남자를 선택했다 / 공주와 결혼할.
the king, / near the Yangtze river. ³One day, / the king chose a man / to marry the

하지만 공주는 거절했다.　왕은 매우 화가 났다 //　그녀가 그의 명령을
princess. ⁴But the princess said no. ⁵The king got very angry // because she didn't

따르지 않았기 때문에.
follow his order.

그는 그녀를 자신의 배에 데리고 나갔다 /　그리고 그녀를 강에 던졌다.　그녀가 떠내려가고 있을 때,
⁶He took her out on his boat / and threw her into the river. ⁷As she was going

//　강의 여신이 그녀를 구했다.　여신은 그녀를 안쓰럽게 여겨서 /
down, // a river goddess saved her. ⁸The goddess felt sorry for her / and changed

그녀를 돌고래로 변하게 했다.　그 돌고래가 그녀에게 왕에 대해 말해주자, //　여신은
her into a dolphin. ⁹When the dolphin told her about the king, // the goddess

화가 났다.　여신은 폭풍을 만들어 냈다. //　그리고 왕의 배는 가라앉았다 / 폭풍 속에서.
got angry. ¹⁰The goddess created a storm, // and the king's boat sank / in the

하지만 돌고래는 자신의 아버지를 구했다.　왕은 자신의 행동을 후회했다 / 그리고
storm. ¹¹But the dolphin saved her father. ¹²The king regretted his actions / and

돌고래들을 보호하기 시작했다 /　강에 있는.　돌고래는 평화와 보호의 상징이 되었다.
started to protect dolphins / in the river. ¹³Dolphins became the symbol of peace

and protection.

우리말 해석

강의 돌고래

¹옛날에 아름답고 영리한 공주가 살았습니다. ²그녀는 양쯔강 근처에서 아버지인 왕과 함께 살았어요. ³어느 날, 왕은 공주와 결혼할 남자를 선택했어요. ⁴하지만 공주는 거절했지요. ⁵왕은 그녀가 자신의 명령을 따르지 않아서 매우 화가 났어요.

⁶그는 그녀를 자신의 배에 태워서 강에 던졌어요. ⁷그녀가 떠내려가고 있을 때, 강의 여신이 그녀를 구했어요. ⁸여신은 그녀를 안쓰럽게 여겨서 그녀를 돌고래로 변하게 했답니다. ⁹그 돌고래가 그녀에게 왕에 대해 말해주자, 여신은 화가 났어요. ¹⁰여신은 폭풍을 일으켰고, 왕의 배는 폭풍 속에 가라앉았어요. ¹¹하지만 돌고래는 자신의 아버지를 구했어요. ¹²왕은 자신의 행동을 후회했고 강에 있는 돌고래를 보호하기 시작했어요. ¹³돌고래는 평화와 보호의 상징이 되었답니다.

🌿 주요 문장 분석하기

³One day, the king chose *a man* [**to marry** the princess].
　　　　　　주어　　　동사　　　목적어

→ to marry는 '결혼할'이라고 해석하며, to marry the princess는 앞에 있는 a man을 꾸며준다.

⁷**As** she *was going down*, a river goddess saved her.

→ As는 '~하면서'라는 의미이며 문장과 문장을 연결해주는 접속사이다.

→ 「was[were]+동사원형+-ing」의 형태는 '~하는 중이었다'라는 뜻의 과거진행형을 나타낸다.

¹²The king regretted his actions **and** started *to protect* dolphins [in the river].
　　주어　　　동사1　　　목적어1　　　동사2　　　　목적어2

→ 동사 regretted와 started가 and로 연결되어 있다. The king은 두 동사의 공통의 주어이다.

→ to protect는 '보호하는 것'이라 해석하며, to protect ~ in the river는 동사 started의 목적어이다.

→ in the river는 앞의 dolphins를 꾸며준다.

01 Mike and Milly's Bird | pp.86 ~ 89

p. 87 **Check Up**	1 ③ 2 ③ 3 ④ 4 ② 5 ⓐ: opened ⓑ: followed
p. 88 **Build Up**	1 (B), (D), (E) 2 (A), (C)
p. 88 **Sum Up**	ⓐ hid ⓑ decided ⓒ let ⓓ followed ⓔ stopped
p. 89 **Look Up**	A 1 farm 2 follow 3 take care of B 1 work - 일하다; 노동 2 free - 자유로운 3 near - ~에서 가까이 4 north - 북쪽으로; 북쪽 C 1 owner 2 let 3 sells

Check Up

1 Simon의 농장에서 일하던 Mike와 Milly는 새처럼 자유로워지고 싶어 했고, 결국 새를 따라가서 농장에서 탈출했다는 내용의 글이므로 정답은 ③이다.

① 농장에서 온 새 ② 큰 새를 찾기 위한 여행

③ 새처럼 자유롭게 되기 ④ 새들을 돌보는 방법

2 Mike와 Milly는 Simon이 그들을 뒤쫓아서 새를 두고 달리기 시작했다고(Mike and Milly left the bird and started running because Simon was coming after them.) 했으므로, 농장을 탈출하는 데 Simon의 도움을 받은 것이 아님을 알 수 있다. 따라서 정답은 ③이다.

3 큰 새를 다치게 한 사람은 Simon이며(But the farm owner, Simon, found the bird and hurt it.), Simon이 Mike를 다른 농장에 팔 것이라고 들어서 Mike와 Milly는 도망치기로 결심했다(One day, Milly heard Simon would sell Mike to another farm. Mike and Milly decided to run away.). 새는 북쪽으로 날았고 Mike와 Milly는 새를 따라갔다고 했지만(The bird flew north, and they followed the bird.), 새가 왜 북쪽으로 날았는지에 대한 내용은 글에 없으므로 정답은 ④이다.

① 누가 큰 새를 다치게 했는가?

② Mike와 Milly는 왜 도망치기로 결심했는가?

③ Mike와 Milly는 무엇을 따라갔는가?

④ 그 새는 왜 북쪽으로 날았는가?

4 빈칸 앞 문장은 Mike와 Milly가 농장에서 도망친 뒤 새를 따라 북쪽으로 달리는 것을 멈추지 않았다는 내용이다. 빈칸을 포함한 문장 앞에 결과를 의미하는 부사 Finally(마침내)가 있으므로, 농장에서 도망친 이후의 Mike와 Milly의 모습을 설명하는 내용이 들어가야 한다. 따라서 빈칸에는 free(자유로운)가 가장 알맞다.

① 빠른 ② 자유로운 ③ 강한 ④ 도움이 되는

5 그 새는 자신의 날개를 ⓐ 폈고, 북쪽으로 날기 시작했다. Mike와 Milly는 그 새를 ⓑ 따라갔고 달리는 것을 절대 멈추지 않았다.

Build Up

❶ Mike와 Milly는 — (B) 오랜 시간 농장에서 일했다.   (D) 그 새를 숨겨서 돌보았다.

(E) 북쪽으로 그 새를 따라갔다.

❷ Simon은 — (A) 큰 새를 발견해서 그것을 다치게 했다.   (C) 농장의 주인이었다.

Sum Up

Simon이 큰 새를 다치게 한 후, Mike와 Milly는 그 새를 ⓐ 숨겼고 그것을 돌보았다. 어느 날, Mike와 Milly는 도망치기로 ⓑ 결심했다. 그들은 그 새를 ⓒ 가게 하려고 했지만, 그 새는 움직이지 않았다. 그들은 그 새를 두고 뛰기 시작했다. 머지않아, 그 새는 북쪽으로 날았고, 그들은 그것을 ⓓ 따라갔다. 그들은 자유로워질 때까지 절대 달리기를 ⓔ 멈추지 않았다.

🌿 끊어서 읽기

Mike와 Milly는 일했다 / 한 농장에서.   그들은 일했다 / 오랜 시간, // 그리고 그들은
¹Mike and Milly worked / on a farm. ²They worked / long hours, // and they

자유로워지고 싶었다 / 새처럼.   어느 날, / 큰 새가 날아서 지나갔다.   하지만 농장 주인인
wanted to be free / like birds. ³One day, / a big bird flew by. ⁴But the farm owner,

Simon이 그 새를 발견했다 / 그리고 그것을 다치게 했다. Milly가 그 새에 가까이 갔을 때, // Simon은
Simon, found the bird / and hurt it. ⁵When Milly got near the bird, // Simon

그녀를 막았다.   그날 밤, / Mike와 Milly는 다시 갔다 / 새에게.   그들은 그 새를
stopped her. ⁶That night, / Mike and Milly went back / to the bird. ⁷They hid the

숨겼다 / 그리고 그것을 돌보았다.
bird / and took care of it.

어느 날, / Milly는 들었다 // Simon이 Mike를 팔 거라고 / 다른 농장에.   Mike와
⁸One day, / Milly heard // Simon would sell Mike / to another farm. ⁹Mike and

Milly는 결심했다 / 도망치기로.   그들은 그 새를 가게 하려고 했다, // 하지만 그 새는 움직이지 않았다.
Milly decided / to run away. ¹⁰They tried to let the bird go, // but the bird didn't

Mike와 Milly는 그 새를 두고 갔다 / 그리고 뛰기 시작했다 // Simon이
move. ¹¹Mike and Milly left the bird / and started running // because Simon was

그들을 뒤쫓고 있었기 때문에. 머지않아, /   그 새는 그것의 날개를 펴고 날았다.   그 새는 북쪽으로 날았다

coming after them. [12]Soon, / the bird opened its wings and flew. [13]The bird flew

    //   그리고 그들은 그 새를 따라갔다.   Mike와 Milly는 절대 멈추지 않았다.   마침내   /

north, // and they followed the bird. [14]Mike and Milly never stopped. [15]Finally, /

그들은 자유로워졌다.

they were free.

🌿 우리말 해석

Mike와 Milly의 새

[1]Mike와 Milly는 한 농장에서 일했어요. [2]그들은 오랜 시간 일했고 새처럼 자유로워지기를 원했답니다. [3]어느 날, 큰 새가 날아서 지나갔어요. [4]하지만 농장 주인인 Simon이 그 새를 발견해서 다치게 했지요. [5]Milly가 그 새에 가까이 다가갔을 때, Simon은 그녀를 막았어요. [6]그날 밤, Mike와 Milly는 새에게 다시 갔습니다. [7]그들은 그 새를 숨겨서 돌보았답니다. [8]어느 날, Milly는 Simon이 Mike를 다른 농장에 팔 것이라는 말을 들었어요. [9]Mike와 Milly는 도망치기로 결심했지요. [10]그들은 그 새가 떠나가게 하려고 했지만, 그 새는 움직이지 않았어요. [11]Simon이 그들을 뒤쫓고 있었기 때문에, Mike와 Milly는 그 새를 두고 뛰기 시작했어요. [12]머지않아, 그 새는 날개를 펴고 날았어요. [13]그 새는 북쪽으로 날았고 그들은 그 새를 따라갔어요. [14]Mike와 Milly는 절대 멈추지 않았어요. [15]마침내 그들은 자유로워졌답니다.

🌿 주요 문장 분석하기

[4]But **the farm owner, Simon**, found the bird and hurt *it*.
                  주어   동사1   목적어1   동사2 목적어2

→ the farm owner와 Simon은 가리키는 대상이 같으며 콤마로 연결되었다.

→ 여기서 it은 the bird를 가리킨다.

[8]One day, Milly heard (**that**) Simon would sell Mike to another farm.
                 주어   동사   목적어

→ 동사 heard는 「(that)+주어+동사」 형태의 목적어를 가질 수 있다. 이때, that은 생략 가능하다.

[10]They tried to **let** the bird **go**, ***but*** the bird didn't move.
   주어1   동사1   목적어1   주어2   동사2

→ to let은 '~하게 하는 것'으로 해석하며, 「let+목적어+동사원형」은 '~가 …하게 하다'라는 의미이다.

→ but으로 두 문장이 연결되었다.

p. 91 **Check Up**	1 ③	2 (a)× (b)○ (c)×	3 ③	4 ②	5 ③
p. 92 **Build Up**	1 (B)	2 (C)	3 (A)		
p. 92 **Sum Up**	ⓐ worked	ⓑ money	ⓒ fair	ⓓ group	ⓔ plan
p. 93 **Look Up**	A 1 sweet	2 farmer		3 group	
	B 1 take - 필요로 하다	2 side - (상황의) 면, 측면			
	3 hard - 하기 힘든, 힘겨운	4 fair - 공정한			
	C 1 group	2 lives		3 plan	

Check Up

1 노동에 대한 공정한 돈을 받지 못하는 농부들을 위해 시작된 사회 운동인 Fairtrade에 대한 내용이므로 정답은 ③이다.

2 (a) 카카오 열매를 얻는 것은 많은 힘든 노동을 필요로 한다고(But getting the beans takes a lot of hard work.) 했으므로 글의 내용과 틀리다.

(b) 오래전 노예들은 오랜 시간 일했지만 노동에 대해 아무 돈도 받지 못했다고(∼, many slaves worked long hours, but they didn't get any money for their work.) 했으므로 글의 내용과 맞다.

(c) Fairtrade는 농부들을 돕기 위해 시작된 사회 운동이라고(Fairtrade is a social movement to help farmers.) 했지만 농부들이 시작했다는 내용은 글에 없다.

3 Fairtrade는 1988년에 한 무리의 사람들이 시작한 사회 운동이라고(In 1988, a group of people started "Fairtrade.") 했으므로 정답은 ③이다.

4 빈칸 앞에서는 공정한 돈을 받지 못하는 농부들을 돕기 위해, Fairtrade가 시작되었다는 내용이 나온다. 따라서 빈칸을 포함한 문장은 Fairtrade를 통해 농부들이 '공정한' 돈을 받는다는 내용이어야 한다. 따라서 정답은 ②이다.
① 달콤한   ② 공정한   ③ 힘든   ④ 많은

5 농부들이 자신의 노동에 대한 공정한 돈을 얻을 수 있도록 시작된 사회 운동에 대한 내용이며, 그것으로 농부들의 삶이 더 좋아질 것이고, 그들이 미래를 계획할 수도 있다는(With that money, the farmers can make their lives better. They can also plan for their futures.) 내용이 등장하므로 글의 내용을 바르게 이해한 사람은 지윤이다.

Build Up

질문	대답
❶ Fairtrade는 무엇인가?	(B) 그것은 농부들을 돕는 사회 운동이다.
❷ Fairtrade는 언제 시작되었는가?	(C) 한 무리의 사람들은 1988년에 그것을 시작했다.

③ Fairtrade는 농부들에게 왜 중요한가? — (A) 농부들은 공정한 돈을 받고 그들의 삶을 더 좋게 만들 수 있다.

Sum Up

오래전에, 많은 노예들은 오랜 시간 **ⓐ** 일했지만, 그들은 그들의 노동에 대한 **ⓑ** 돈을 받지 못했다. 여전히 오늘날에도, 몇몇 나라의 농부들은 그들의 노동에 대한 **ⓒ** 공정한 돈을 받지 못한다. 한 **ⓓ** 무리의 사람들이 'Fairtrade'를 시작했다. 이것 때문에, 농부들은 이제 자신의 노동에 대한 공정한 돈을 받고, 그들의 미래를 **ⓔ** 계획할 수도 있다.

🌾 끊어서 읽기

초콜릿은 무척 달콤하다.　　　하지만 초콜릿의 쓴 면이 있다.　　// 그리고 우리는
¹Chocolate is very sweet. ²But there is a bitter side of chocolate, // and we don't

그것을 잘 모른다.　사람들은 카카오 열매를 사용한다 / 초콜릿을 만들기 위해.　하지만 그 열매를 얻는 것은
know it well. ³People use cacao beans / to make chocolate. ⁴But getting the beans

/ 많은 힘든 노동이 필요하다.　　오래전에, / 많은 노예들은 오랜 시간 일했다.　　//
/ takes a lot of hard work. ⁵A long time ago, / many slaves worked long hours, //

하지만 그들은 아무 돈도 받지 못했다 / 그들의 노동에 대해.　여전히 오늘날에도, / 어떤 농부들은 일한다 /
but they didn't get any money / for their work. ⁶Still today, / some farmers work /

그리고 공정한 돈을 받지 못한다 / 그들의 노동에 대해.
and don't get fair money / for their work.

1988년에, / 한 무리의 사람들이 'Fairtrade'를 시작했다.　　Fairtrade는 사회 운동이다 /
⁷In 1988. / a group of people started "Fairtrade." ⁸Fairtrade is a social movement /

농부들을 돕는.　Fairtrade를 통해서, / 농부들은 공정한 돈을 받는다.　그 돈으로,
to help farmers. ⁹Through Fairtrade, / the farmers get fair money. ¹⁰With that

/ 농부들은 그들의 삶을 더 좋게 만들 수 있다.　그들은 또한 계획할 수 있다 /
money, / the farmers can make their lives better. ¹¹They can also plan / for

그들의 미래에 대해.
their futures.

🌾 우리말 해석

고된 노동에 대한 돈

¹초콜릿은 무척 달콤해요. ²하지만 초콜릿의 씁쓸한 단면이 있는데, 우리는 그것을 잘 알지 못합니다. ³사람들은 초콜릿을 만들기 위해 카카오 열매를 사용합니다. ⁴하지만 그 열매를 얻는 데는 많은 힘든 노동이 필요해요. ⁵오래전에, 많은 노예들은 오랜 시간 일했지만 그들의 노동에 대해 아무 돈도 받지 못했어요. ⁶오늘날에도 여전히 어떤 농부들은 일을 하고 그들의 노

동에 대해 공정한 돈을 받지 못합니다.

⁷1988년에 한 무리의 사람들이 'Fairtrade'를 시작했습니다. ⁸Fairtrade는 농부들을 돕는 사회 운동이에요. ⁹Fairtrade를 통해서 농부들은 공정한 돈을 받습니다. ¹⁰그 돈으로, 농부들은 자신의 삶을 더 좋게 만들 수 있습니다. ¹¹그들은 또한 자신의 미래를 계획할 수도 있습니다.

✹ 주요 문장 분석하기

⁴But **getting** the beans *takes* a lot of hard work.
　　　　　　주어　　　　　동사　　　　　목적어

→ getting은 '얻는 것'으로 해석하며, getting the beans는 문상의 주어이다.

→ 「동사원형+-ing」 형태가 문장의 주어일 때는 단수로 취급하므로 동사도 단수 형태인 takes가 온다.

⁸Fair trade is *a social movement* [**to help** farmers].
　　주어　　동사　　　　　　　보어

→ to help는 '돕는'이라 해석한다.

→ to help farmers는 a social movement를 뒤에서 꾸며준다.

¹⁰With that money, the farmers can **make** their lives *better*.
　　　　　　　　　　주어　　　　　동사　　　목적어　　　보어

→ 「make+목적어+형용사」는 '~가 …하게 만들다'라는 뜻이다.

→ better는 형용사 good의 비교급이며 목적어 their lives를 보충 설명한다.

03	**Banana Farmers**				pp.94 ~ 97
p. 95 **Check Up**	1 ②	2 ④	3 ③	4 ②	5 ①
p. 96 **Build Up**	ⓐ money	ⓑ choose	ⓒ mark	ⓓ pay	
p. 96 **Sum Up**	ⓐ special	ⓑ make	ⓒ explained	ⓓ market	ⓔ price
p. 97 **Look Up**	A 1 cheap	2 raise	3 price		
	B 1 choose - 선택하다, 고르다	2 special - 특별한			
	3 instead of - 대신에	4 make money - 돈을 벌다			
	C 1 explained	2 pay	3 strange		

Check Up

1 Fairtrade를 통해 농부들은 공정한 보수를 받을 수 있으며, 마지막 문장에서는 Fairtrade 마크가 있는 바나나를 구매하라는 내용으로 보아 정답은 ②이다.

2 Kate는 바나나를 구매할 때, Fairtrade 마크가 있는 것을 고르라고(She said, "When you buy bananas, choose ones with a Fairtrade mark.) 했지만 신선한 바나나를 고르는 방법에 대한 내용은 글에 없다.

3 밑줄 친 ⓐ는 바나나를 재배하고 판매하면서 돈을 버는 게임이다. Kate는 이 게임을 통해서 학생들에게 바나나 농부들이 처한 상황에 대해 설명하고 있으므로 정답은 ③이다.

4 빈칸 뒤에서는 글쓴이 '내'가 손을 들면서 돈을 벌 수 없다고 말하는 내용이 나오므로, 빈칸을 포함한 문장에서는 돈을 버는 대신 계속 '잃었다'는 내용이 가장 알맞다. 따라서 정답은 ②이다.

① 받는 것 ② 잃는 것 ③ 이기는 것 ④ 사는 것

5 빈칸 앞에는 농부들이 트럭이 없다는 내용이 나오고, 빈칸 뒤에는 그에 대한 결과가 나오므로 빈칸에는 '그래서'의 의미를 나타내는 접속사 so가 가장 알맞다.

① 그래서 ② 하지만 ③ ~할 때 ④ 왜냐하면

Build Up

문제	많은 바나나 농부들은 바나나를 재배하고 판매하지만, 그들은 ⓐ 돈을 벌지 못한다.

↓

해결책	바나나를 구매할 때, Fairtrade ⓒ 마크가 있는 것을 ⓑ 선택해야 한다.

↓

결과	농부들은 그들의 노동에 대한 공정한 ⓓ 보수를 받는다.

Sum Up

Kate는 ⓐ 특별한 손님으로 우리 반을 방문했다. 그녀는 우리를 위해 게임을 가져왔다. 그 게임에서, 나는 돈을 하나도 ⓑ 벌 수 없었다. 나는 돈을 잃기만 했다. 그때 Kate는 바나나 농부들에 대해 ⓒ 설명했다. 그들은 ⓓ 시장에 바나나를 가져갈 수 없기 때문에, 어느 구매자에게든 아주 값싼 ⓔ 가격에 그것들을 판다. 그래서 그들은 돈을 벌 수 없다.

🌿 끊어서 읽기

오늘 수업에, / 우리에게 특별한 손님인 Kate가 있었다.   그녀는 게임이 있었다 / 우리를 위한. "이
¹Today in class, / we had a special guest, Kate. ²She had a game / for us. ³"In this

게임에서, / 여러분은 바나나를 재배하고 판매해요 / 그리고 돈을 법니다." // Kate는 설명했다.
game, / you grow and sell bananas / and make money," // Kate explained.

나는 100달러로 시작했다. // 하지만 이상한 어떤 일이 일어났다. 돈을 버는 대신에,
⁴I started with 100 dollars, // but something strange happened. ⁵Instead of

/ 나는 그것을 계속 잃었다! 나는 손을 들었다 / 그리고 말했다, //
making money, / I kept losing it! ⁶I raised my hand / and said, // "There's

"뭔가 잘못된 것이 있어요. // 나는 돈을 벌 수 없어요."
something wrong. // ⁷I can't make any money."

Kate는 미소 지었다. "돈을 번 사람이 있나요?" 아무도 손을 들지 않았다. 그녀가
⁸Kate smiled. ⁹"Did anybody make money?" ¹⁰No one raised their hand. ¹¹She

말했다. "이것이 일어나고 있는 일입니다 / 많은 바나나 농부들에게. 그들은 트럭이 없어요,
said, "This is what is happening / to many banana farmers. ¹²They don't have

// 그래서 그들은 바나나를 가져갈 수 없습니다 / 시장에. 그들은 바나나를 팝니다
trucks, // so they can't take their bananas / to the market. ¹³They sell the bananas

/ 아주 값싼 가격에 / 어느 구매자에게든."
/ at a very cheap price / to any buyer."

그녀는 설명했다 // Fairtrade를 통해서, / 농부들은 공정한 보수를 얻을 수 있다 / 그들의 노동에
¹⁴She explained // that through Fairtrade, / farmers can get fair pay / for their

대한. 그녀는 말했다. // "여러분이 바나나를 살 때, / Fairtrade 마크가 있는 것을 선택하세요."
work. ¹⁵She said, // "When you buy bananas, / choose ones with a Fairtrade Mark."

⚘ 우리말 해석

바나나 농부들

¹오늘 수업에 특별한 손님으로 Kate가 왔어요. ²그녀는 우리를 위한 게임을 가져왔습니다. ³"이 게임에서 여러분은 바나나를 재배하고 판매해서 돈을 법니다."라고 Kate가 설명했어요.
⁴나는 100달러를 갖고 시작했지만 이상한 일이 일어났어요. ⁵나는 돈을 버는 대신 계속 잃었어요! ⁶나는 손을 들고 말했어요, "뭔가 잘못되었어요. ⁷저는 돈을 하나도 벌 수가 없어요."
⁸Kate는 미소 지었어요. ⁹"돈을 번 사람이 있나요?" ¹⁰아무도 손을 들지 않았어요. ¹¹그녀가 말했어요, "이것이 많은 바나나 농부들에게 일어나고 있는 일이에요. ¹²그들은 트럭이 없어서 바나나를 시장에 가져갈 수 없어요. ¹³그들은 어느 구매자에게든 아주 값싼 가격에 바나나를 팝니다."
¹⁴그녀는 Fairtrade를 통해서 농부들이 그들의 노동에 대한 공정한 보수를 얻을 수 있다고 설명했어요. ¹⁵그녀는 "바나나를 구매할 때, Fairtrade 마크가 있는 것을 선택하세요."라고 말했어요.

⚘ 주요 문장 분석하기

⁴I started with 100 dollars, but **something strange** happened.
주어1 동사1   주어2   동사2

→ -thing으로 끝나는 대명사는 형용사가 뒤에서 꾸며준다.

⁵Instead of **making** money, I **_kept_** _losing_ it!
                        주어 동사   목적어

→ making은 '만드는 것'으로 해석한다.
→ 「keep[kept]+동사원형+-ing」의 형태는 '계속 ~하다[했다]'라는 의미이다. 동사 keep은 「동사원형+-ing」 형태의 목적어를 취한다.

¹¹~, This is **what** is happening to many banana farmers.

주어 동사   보어

→ what은 '~하는 일, 것'이라고 해석한다. what is ~ farmers는 앞에 주어 This를 보충 설명한다.

04	Countries Full of Waste				pp.98 ~ 101
p. 99 **Check Up**	1 ②	2 (a) ○ (b) ○ (c) ○	3 ③	4 ⓐ: unhealthy ⓑ: sick	
p. 100 **Build Up**	ⓐ manage	ⓑ recycle	ⓒ burned	ⓓ send	
p. 100 **Sum Up**	ⓐ trade	ⓑ landfills	ⓒ waste	ⓓ collect	ⓔ choice
p. 101 **Look Up**	A 1 waste	2 burn	3 choice		
	B 1 full of - ~로 가득 찬	2 manage - 처리하다			
	3 container - 그릇, 용기	4 dangerous - 위험한			
	C 1 collects	2 unhealthy	3 includes		

Check Up

1 우리가 쓰레기를 어떻게 처리하는지와 쓰레기 무역으로 인해 일어나는 문제점을 설명하는 내용이므로 정답은 ②이다.

2 (a) 우리는 종이와 플라스틱 용기와 같은 것들을 재활용하고, 다른 것들은 주로 태워진다고[소각된다고](We recycle things like paper and plastic containers. Other things usually get burned ~.) 했으므로 글의 내용과 맞다.

(b) 어떤 나라는 쓰레기를 다른 나라로 보내고, 이것을 쓰레기 무역이라 부른다고(Some countries send their waste to other countries. It's called waste trade.) 했으므로 글의 내용과 맞다.

(c) 쓰레기 매립지 근처에 사는 사람들은 그곳에 가서 팔 것들을 찾는다고(They go into the landfill and look for things to sell.) 했으므로 글의 내용과 맞다.

3 빈칸 앞에서는 사람들이 쓰레기로 인해 병에 걸리기도 하지만 돈을 벌기 위해 쓰레기를 계속 모은다고 했으며, 빈칸 뒤에는 그에 대한 이유가 나온다. 따라서 빈칸에는 이유를 나타내는 접속사 because(왜냐하면)가 알맞다.

① 그래서 ② 그러면 ③ 왜냐하면 ④ 그러나

4
> 몇몇 나라에는 많은 쓰레기 매립지가 있고, 사람들은 그곳 근처에 산다. 하지만 그들이 쓰레기로 인해 ⓑ 병에 걸리기 때문에 그것은 위험하고 ⓐ 건강에 해롭다.

Build Up

우리는 쓰레기를 어떻게 **a** 처리하는가?

우리는 종이와 플라스틱 용기와 같은 것들을 **b** 재활용한다.	어떤 쓰레기는 **c** 태워지거나 쓰레기 매립지로 간다.	몇몇 나라는 쓰레기를 다른 나라로 **d** 보낸다.

Sum Up

어떤 나라들은 쓰레기 **a** 무역을 통해 다른 나라들에서 쓰레기를 얻는다. 그 나라들은 많은 쓰레기 매립지가 있고, 많은 사람들이 그 근처에 산다. 그들은 **b** 쓰레기 매립지에서 팔 물건들을 찾는다. 하지만 이 일은 위험하고 건강에 해롭다. 사람들은 **c** 쓰레기로 인해 병에 걸린다. 하지만 그것이 유일한 **e** 선택권이기 때문에 그들은 돈을 벌기 위해 그것을[쓰레기를] **d** 모은다.

끊어서 읽기

다양한 종류의 쓰레기가 있다.　　　　가정에서 나오는 쓰레기는　/　　오래된 음식,
¹There are different kinds of waste. ²Waste from our homes / includes old food,

종이, 유리, 그릇, 그리고 다른 것들을 포함한다.　　우리는 쓰레기를 만든다 /　매일.　우리는
paper, glass, containers, and other things. ³We make waste / every day. ⁴We

물건들을 재활용한다 /　　종이와 플라스틱 용기와 같은.　　다른 것들은 대개
recycle things / like paper and plastic containers. ⁵Other things usually get

태워진다 / 또는 쓰레기 매립지로 간다.　하지만 우리는 쓰레기를 잘 처리하는가?
burned / or go to landfills. ⁶But do we manage waste well?

몇몇 나라들은 그들의 쓰레기를 보낸다　/　다른 나라로.　　그것은 쓰레기 무역이라고 불린다.
⁷Some countries send their waste / to other countries. ⁸It's called waste trade.

많은 쓰레기 매립지가 있다　/　그런 나라에는.　　많은 사람들이 산다 / 쓰레기 매립지
⁹There are many landfills / in those countries. ¹⁰Many people live / near a

근처에.　그들은 쓰레기 매립지에 간다　/　그리고 팔 물건들을 찾는다.　　쓰레기 매립지
landfill. ¹¹They go into the landfill / and look for things to sell. ¹²Living near a

근처에 사는 것은 /　위험하고 건강에 해롭다.　사람들은 병에 걸린다 /　쓰레기로 인해.
landfill / is dangerous and unhealthy. ¹³People get sick / from the waste.

하지만, /　그들은 계속 쓰레기를 모은다　/　돈을 벌기 위해　//　그것이 그들의 유일한
¹⁴However, / they keep collecting waste / to make money // because that is their

선택권이기 때문에.
only choice.

🌿 우리말 해석

쓰레기로 가득 찬 나라

¹다양한 종류의 쓰레기가 있습니다. ²가정에서 나오는 쓰레기는 오래된 음식, 종이, 유리, 그릇, 그리고 다른 것들을 포함합니다. ³우리는 매일 쓰레기를 만들어요. ⁴우리는 종이와 플라스틱 용기와 같은 것들을 재활용합니다. ⁵다른 것들은 대개 소각되거나 쓰레기 매립지로 가지요. ⁶하지만 우리는 쓰레기를 잘 처리하고 있는 걸까요?

⁷몇몇 나라들은 쓰레기를 다른 나라로 보냅니다. ⁸그것은 쓰레기 무역이라고 불려요. ⁹그런 나라에는 많은 쓰레기 매립지가 있습니다. ¹⁰많은 사람들이 쓰레기 매립지 근처에 삽니다. ¹¹그들은 쓰레기 매립지에 가서 팔 물건들을 찾습니다. ¹²쓰레기 매립지 근처에 사는 것은 위험하고 건강에 해롭습니다. ¹³사람들은 쓰레기로 인해 병에 걸리기도 합니다. ¹⁴하지만 그들은 돈을 벌기 위해 계속 쓰레기를 모으는데, 그것이 그들의 유일한 선택권이기 때문입니다.

🌿 주요 문장 분석하기

¹¹They go into the landfill **and** look for *things* [**to sell**].
　　　 주어　동사1　　　　　　　　　　　　동사2　　　　목적어2

→ and로 두 개의 동사 go와 look for가 연결되어 있다.

→ to sell은 '팔, 파는'이라고 해석하며 앞에 things를 꾸며준다.

¹²**Living** near a landfill is dangerous and unhealthy.
　　　　　　주어　　　　　동사　　　　　보어

→ 「동사원형+-ing」의 형태가 주어로 쓰이면 '~하는 것은'이라 해석한다. 이때 주어는 단수 취급하므로 단수동사 is가 온다.

→ dangerous and unhealthy는 주어 Living near a landfill을 보충 설명한다.

¹⁴~, they **keep** *collecting* waste **to make money** *because* *that* is their only choice.
　　　 주어　동사　　목적어　　　　　　　　　　　　　　주어'　동사'　　보어'

→ 「keep+동사원형+-ing」의 형태는 '계속 ~하다'라는 의미이다.

→ to make money는 '돈을 벌기 위해'라고 해석하며 목적을 나타낸다.

→ because는 '~ 때문에'라는 의미이며, 이유를 나타내는 문장을 연결하는 접속사이다.

→ their only choice는 주어 that을 보충 설명하며, that은 앞에서 등장한 '쓰레기를 모으는 것'을 가리킨다.

왓츠
리딩
What's Reading

Words
100 A

· 정답과 해설 ·
WORKBOOK

CHAPTER 1

Colors

01 Crayola

p.2

A 1 finally   2 colorful
   3 cheap   4 expensive
   5 name   6 invention
   7 huge

B 1 O: Everyone, <u>loved</u>
   2 O: Edwin's wife, <u>named</u>
   3 O: the team, <u>used</u>
   4 O: children, <u>could draw</u>

C 1 Edwin wanted to make cheap color crayons
   2 The team did a study about safe color crayons
   3 But Edwin's team never stopped
   4 They made more crayons in different colors

02 A Box of Crayons

p.4

A 1 jealous   2 color
   3 Shout   4 center
   5 hate   6 surround
   7 loud

B 1 O: Mike, <u>added</u>
   2 O: Mike, <u>heard</u>
   3 O: he, <u>drew</u>
   4 O: Yellow, Orange, <u>was</u>, <u>surrounded</u>

C 1 It made the other colors jealous of Red
   2 I am the true color of the Sun
   3 He took all the crayons out of the box
   4 There were black cars and blue buses

03 How Do You Feel?

p.6

A 1 brightness   2 attention
   3 link   4 image
   5 imagine   6 cause
   7 emotion

B 1 O: Those colors, <u>are</u>
   2 O: They, <u>can make</u>
   3 O: Green, blue, and purple, <u>are</u>
   4 O: Those colors, <u>give</u>

C 1 There is a link between colors and emotions
   2 Warm colors can also grab attention
   3 Cool colors can also show sadness
   4 to say that they are sad

04 The Colorful World

p.8

A 1 miss   2 appear
   3 paint   4 alone
   5 agree   6 decide
   7 shine

B 1 O: People, <u>couldn't see</u>
   2 O: The Sun and the Clouds, <u>noticed</u>
   3 O: They, <u>painted</u>, <u>put</u>

4 O: the rain, the Sun, <u>stopped</u>, <u>shined</u>

C 1 they had a fight, and the Sun left

  2 The world lost its colors and became gray

  3 They had to stay home

  4 They wanted to bring back the Sun

• CHAPTER 2 •
Difference
pp.30 ~ 47

01 Friends on the Other Side
p.10

A 1 in common   2 along

  3 planet   4 building

  5 flow   6 climb up

  7 amazing   8 whole

B 1 O: I, <u>have</u>

  2 O: we, <u>live</u>

  3 O: a river, <u>flows</u>

  4 O: we, <u>have</u>

C 1 You are on the other side of the planet

  2 There are not many buildings in my village

  3 My whole family takes care of them together

  4 But we have some things in common

02 Table Manners
p.12

A 1 rude   2 careful

  3 means   4 follow

  5 rule   6 noise

  7 Take your time   8 in a hurry

B 1 <u>Try</u>

  2 O: Burping, <u>is</u>

  3 O: French people, <u>like</u>

  4 O: you, <u>should be</u>

C 1 You shouldn't make any noise

  2 When you hear someone burp in China

  3 Burping means that the food was delicious

  4 These table manners may be different

03 Different Shapes of Us
p.14

A 1 Push   2 give up

  3 carry   4 hope

  5 roll   6 sides

  7 flat

B 1 O: Many rocks, <u>lived</u>

  2 O: poor Bob, <u>had to sit</u>

  3 O: Bob, he, <u>tried</u>, <u>couldn't</u>

  4 O: He, <u>found</u>, <u>put</u>

C 1 Rocks loved to play and roll down the hill

  2 because one side of him was flat

  3 They carried Bob to the top of the hill

4 There is always hope, when you
don't give up

04 Jim Crow Laws

p.16

A 1 begin   2 vote
3 law   4 character
5 Keep away   6 Serve
7 unfair

B 1 O: "Jim Crow", <u>was</u>
2 O: some restaurants, <u>served</u>
3 O: Most Jim Crow laws, <u>began</u>
4 O: About 6 million African Americans,
<u>moved</u>

C 1 The laws kept them away from white
people
2 people of color could not use them
3 Many African Americans couldn't
vote
4 Jim Crow laws became illegal in the
1960s

• CHAPTER 3 •
Environment   pp.48 ~ 65

01 Fuels around Us

p.18

A 1 through   2 million
3 interesting   4 far away

5 deep   6 engine
7 need

B 1 O: Humans, <u>started</u>
2 O: Coal, oil, and natural gas, <u>are</u>
3 O: A gas pipe under the sea, <u>can be</u>
4 O: About 40 percent of the world's
electricity, <u>comes</u>

C 1 Here are some interesting numbers
2 How much coal do we use
3 People made pipes from bamboo
4 We still get natural gas through pipes

02 The Warm Arctic

p.20

A 1 warm up   2 run
3 ride   4 cub
5 heat   6 melt
7 change

B 1 O: I, <u>was</u>
2 O: something, <u>started</u>
3 O: Some things, <u>change</u>
4 O: The ice under the cubs, <u>broke off</u>,
<u>carried away</u>

C 1 the sun never sets in the Arctic
2 Why did the ice melt too fast
3 That gas forms a tent around the
earth
4 It makes the Arctic warm up more

03 Footprints in the Air

p.24

A 1 problem   2 in use
3 put   4 stair
5 Instead of   6 for example
7 almost

B 1 O: Everyone, <u>makes</u>
2 O: The best way, <u>is</u>
3 <u>turn off</u>
4 O: Lowering your carbon footprint, <u>is</u>

C 1 We can do something about global warming
2 we put carbon into the air
3 we use electricity for everything
4 How about walking or riding a bike

04 New Journey!

p.22

A 1 store   2 any longer
3 together   4 shape
5 drive   6 Pick up
7 soft

B 1 O: The sunlight, <u>was</u>
2 O: My journey, <u>started</u>
3 O: I, <u>melted</u>, <u>became</u>
4 O: A machine, <u>put</u>, <u>made</u>

C 1 a boy came in and bought me
2 I was at a different place
3 I got washed and heated up
4 I was ready to become something new

• CHAPTER 4 •
Creatures
pp.66 ~ 83

01 Life in the Rainforests

p.26

A 1 famous   2 cool off
3 stay   4 easily
5 enemy   6 insect
7 easy   8 scream

B 1 O: They, <u>scream</u>
2 O: you, <u>cannot see</u>
3 O: Some, <u>like</u>
4 O: Rainforests, <u>are</u>

C 1 are famous for their loud howls
2 You can hear them scream
3 Tapirs are also hard to find
4 They like to stay in and under water

02 Liam's Insect Report

p.28

A 1 usually   2 attack
3 harmful   4 fresh
5 lay   6 cut off
7 slow down

B 1 O: The females, <u>lay</u>
2 O: Some species, <u>can be</u>
3 O: They, <u>get</u>
4 O: They, <u>can change</u>

C 1 They are usually green or brown
2 They don't have wings, so they cannot fly

3 Their eggs look like plant seeds

4 Walkingsticks cut off their own legs and run away

03 Under the Sea

p.30

A 1 arrive   2 various

3 difficult   4 ocean

5 swallow   6 way

7 large

B 1 O: An anglerfish, <u>has</u>

2 O: Light, <u>cannot go</u>

3 O: Fish under the deep sea, <u>have</u>

4 O: They, <u>can swallow</u>

C 1 You can't see anything down there

2 Food is difficult to find under the deep sea

3 They use the light, to communicate with each other

4 The fish can open their mouths wide

04 A River Dolphin

p.32

A 1 sorry   2 protection

3 order   4 symbol

5 sink   6 Protect

7 regret

B 1 O: the dolphin, <u>saved</u>

2 O: She, <u>lived</u>

3 O: The goddess, the king's boat, <u>created</u>, <u>sank</u>

4 O: The goddess, <u>felt</u>, <u>changed</u>

C 1 The princess didn't follow the king's order

2 He threw her into the river

3 The king started to protect dolphins in the river

4 Dolphins became the symbol of protection

• CHAPTER 5 •

Unfairness pp.84 ~ 101

01 Mike and Milly's Bird

p.34

A 1 sell   2 take care of

3 let   4 north

5 open   6 works

7 owner

B 1 O: they, <u>were</u>

2 O: Mike and Milly, <u>decided</u>

3 O: Mike and Milly, <u>stopped</u>

4 O: The bird, they, <u>flew</u>, <u>followed</u>

C 1 Mike and Milly wanted to be free like birds

2 They hid the bird, and took care of it

3 They left the bird, and started running

4 the bird opened its wings and flew

02 Money for Hard Work

p.36

A 1 hard   2 fair
3 life   4 group
5 sweet   6 plan
7 bitter

B 1 ○: Fairtrade, <u>is</u>
2 ○: They, <u>can plan</u>
3 ○: a group of people, <u>started</u>
4 ○: Some farmers, <u>work</u>, <u>don't get</u>

C 1 There is a bitter side of chocolate
2 Getting the beans takes a lot of hard work
3 Many slaves didn't get any money for their work
4 The farmers can make their lives better

03 Banana Farmers

p.38

A 1 special   2 make money
3 explain   4 price
5 Raise   6 pay
7 strange

B 1 ○: I, <u>can't make</u>
2 ○: They, <u>sell</u>
3 ○: we, <u>had</u>
4 ○: farmers, <u>can get</u>

C 1 You grow and sell bananas and make money
2 Instead of making money, I kept losing it
3 They can't take their bananas to the market
4 choose ones with the mark

04 Countries Full of Waste

p.40

A 1 waste   2 dangerous
3 collect   4 include
5 burn   6 choice
7 unhealthy

B 1 ○: We, <u>recycle</u>
2 ○: Many people, <u>live</u>
3 ○: People, <u>get</u>
4 ○: Waste from our homes, <u>includes</u>

C 1 But do we manage waste well
2 Some countries send their waste to other countries
3 Living near a landfill is dangerous
4 They keep collecting waste to make money

MEMO

왓츠리딩 한눈에 보는
왓츠 Reading 시리즈

70 A|B   80 A|B

90 A|B   100 A|B

1 체계적인 학습을 위한 시리즈 및 난이도 구성
2 재미있는 픽션과 유익한 논픽션 50:50 구성
3 이해력과 응용력을 향상시키는 다양한 활동 수록
4 지문마다 제공되는 추가 어휘 학습
5 워크북과 부가자료로 완벽한 복습 가능
6 학습에 편리한 차별화된 모바일 음원 재생 서비스
→ 지문, 어휘 MP3 파일 제공

단계	단어 수 (Words)	Lexile 지수
70 A	60 ~ 80	200-400L
70 B	60 ~ 80	200-400L
80 A	70 ~ 90	300-500L
80 B	70 ~ 90	300-500L
90 A	80 ~ 110	400-600L
90 B	80 ~ 110	400-600L
100 A	90 ~ 120	500-700L
100 B	90 ~ 120	500-700L

* Lexile(렉사일) 지수는 미국 교육 연구 기관 MetaMetrics에서
개발한 독서능력 평가지수로, 미국에서 가장 공신력 있는 지수로
활용되고 있습니다.

부가자료 다운로드
www.cedubook.com

READING RELAY 한 권으로
영어를 공부하며 국·수·사·과까지 5과목 정복!

리딩릴레이 시리즈

1 각 챕터마다 주요 교과목으로 지문 구성!
우리말 지문으로 배경지식을 읽고, 관련된 영문 지문으로 독해력 키우기

중2 사회 교과서 中 해수면 상승과 관련 지문	리딩릴레이 Master 2권 해수면 상승 지문		Chapter 01 초콜릿 음료	중학 역사1 신항로 개척과 대서양 무역의 확대 고등 세계사 – 문명의 성립과 통일 제

2 기후 변화는 인간 생활에 어떤 영향을 미칠까?

빙하 감소와 해수면 상승 지구 온난화의 영향으로 지표면의 오
가면서 빙하의 면적이 줄어들고 있다. 남극과 **배경지식 연계**
알프스산맥, 히말라야산맥, 안데스산맥 ···
격하게 녹고 있다. 이렇게 녹은 물이 바닷
한다. 그 결과 방글라데시와 같이 해안 저지대에 있는 나
시로 범람 및 침수 피해를 겪고 있으며, 몰디브를 비롯하
나무 등 많은 섬나라는 국토가 점차 바닷물에 잠겨 지구
라질 위기에 놓여 있다.

According to researchers, the Mal
won't look the same as it does now. A
the Maldives is the
ands in the Maldives are
likely to be sunk under the ocean and
researchers.

타과목 연계 목차

Chapter 02
안 되는 나라
세상의 안과 밖
고등 통합사회 – 세계의 다양한 문화

중학 국어

Chapter 03
적도와 가까운 도시 Quito
자연으로 떠나는 여행
고등 세계지리 – 세계의 다양한 자연

중학 사회1

2 학년별로 국/영문의 비중을 다르게!
지시문 & 선택지 기준

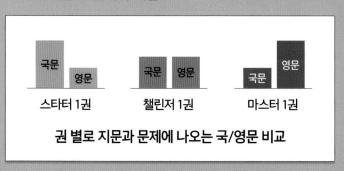

권 별로 지문과 문제에 나오는 국/영문 비교

3 교육부 지정 필수 어휘 수록!

교육부 지정 중학 필수 어휘

genius	명 1. **천재** 2. 천부의 재능
slip	동 1. **미끄러지다** 2. 빠져나가다
compose	동 1. 구성하다, ~의 일부를 이루다 2. 3. 작곡하다
	형 (현재) 살아 있는

쎄듀 초·중등 커리큘럼

초등

	예비초	초1	초2	초3	초4	초5	초6
구문		신간 천일문 365 일력 |초1-3| 교육부 지정 초등 필수 영어 문장		초등코치 천일문 SENTENCE 1001개 통문장 암기로 완성하는 초등 영어의 기초			
문법				초등코치 천일문 GRAMMAR 1001개 예문으로 배우는 초등 영문법			
		왓츠 Grammar Start (초등 기초 영문법) / Plus (초등 영문법 마무리)					
독해			왓츠 리딩 70 / 80 / 90 / 100 A / B 쉽고 재미있게 완성되는 영어 독해력				
어휘			초등코치 천일문 VOCA&STORY 1001개의 초등 필수 어휘와 짧은 스토리				
		패턴으로 말하는 초등 필수 영단어 1 / 2 문장 패턴으로 완성하는 초등 필수 영단어					
ELT	Oh! My PHONICS 1 / 2 / 3 / 4 유·초등학생을 위한 첫 영어 파닉스						
		Oh! My SPEAKING 1 / 2 / 3 / 4 / 5 / 6 핵심 문장 패턴으로 더욱 쉬운 영어 말하기					
		Oh! My GRAMMAR 1 / 2 / 3 쓰기로 완성하는 첫 초등 영문법					

중등

	예비중	중1	중2	중3
구문		천일문 STARTER 1 / 2		중등필수 구문 & 문법 총정리
문법		천일문 GRAMMAR LEVEL 1 / 2 / 3		예문 중심 문법 기본서
		GRAMMAR Q Starter 1, 2 / Intermediate 1, 2 / Advanced 1, 2		학기별 문법 기본서
		잘 풀리는 영문법 1 / 2 / 3		문제 중심 문법 적용서
		GRAMMAR PIC 1 / 2 / 3 / 4		이해가 쉬운 도식화된 문법서
			1센치 영문법	1권으로 핵심 문법 정리
문법+어법			첫단추 BASIC 문법·어법편 1 / 2	문법·어법의 기초
문법+쓰기	EGU 영단어&품사 / 문장 형식 / 동사 써먹기 / 문법 써먹기 / 구문 써먹기			서술형 기초 세우기와 문법 다지기
				올씀 1 기본 문장 PATTERN 내신 서술형 기본 문장 학습
쓰기		거침없이 Writing LEVEL 1 / 2 / 3		중등 교과서 내신 기출 서술형
		중학 영어 쓰작 1 / 2 / 3		중등 교과서 패턴 드릴 서술형
어휘		신간 천일문 VOCA 중등 스타트/필수/마스터		2800개 중등 3개년 필수 어휘
		어휘끝 중학 필수편 중학 필수어휘 1000개		어휘끝 중학 마스터편 고난도 중학어휘 +고등기초 어휘 1000개
독해		Reading Relay Starter 1, 2 / Challenger 1, 2 / Master 1, 2		타교과 연계 배경 지식 독해
		READING Q Starter 1, 2 / Intermediate 1, 2 / Advanced 1, 2		예측/추론/요약 사고력 독해
독해전략			리딩 플랫폼 1 / 2 / 3	논픽션 지문 독해
독해유형			Reading 16 LEVEL 1 / 2 / 3	수능 유형 맛보기 + 내신 대비
			첫단추 BASIC 독해편 1 / 2	수능 유형 독해 입문
듣기		Listening Q 유형편 / 1 / 2 / 3		유형별 듣기 전략 및 실전 대비
		쎄듀 빠르게 중학영어듣기 모의고사 1 / 2 / 3		교육청 듣기평가 대비